华夏英才基金学术文库

橡胶颗粒路面抑制
路面结冰技术

谭忆秋　周纯秀　著

科学出版社

北　京

内 容 简 介

橡胶颗粒路面是将废旧橡胶轮胎破碎成一定形状和粒径的颗粒,以骨料的形式直接添加于沥青混合料中,用以代替部分集料而形成的新型沥青混合料铺筑而成的路面。本书以橡胶颗粒路面为对象,系统介绍了橡胶颗粒路面应用技术的基础理论和技术方法、技术手段等。主要内容包括橡胶颗粒的选择和性能评价,橡胶颗粒沥青混合料配合比设计方法、施工工艺,橡胶颗粒沥青路面的除冰雪性能及橡胶颗粒路面的施工管理和实际应用等。

本书可供从事道路工程科研、教学、设计和施工的人员使用,也可供高分子材料等相关专业的高等院校、科研院所的技术人员参考。

图书在版编目(CIP)数据

橡胶颗粒路面抑制路面结冰技术/谭忆秋,周纯秀著. —北京:科学出版社,2012

(华夏英才基金学术文库)

ISBN 978-7-03-033697-2

Ⅰ.①橡… Ⅱ.①谭… ②周… Ⅲ.①橡胶-沥青路面-融冰化雪-研究 Ⅳ.①U416.2

中国版本图书馆 CIP 数据核字(2012)第 038342 号

责任编辑:周 炜 / 责任校对:邹慧卿
责任印制:赵 博 / 封面设计:陈 敬

科 学 出 版 社 出版

北京东黄城根北街 16 号
邮政编码: 100717
http://www.sciencep.com

源海印刷有限责任公司 印刷

科学出版社发行 各地新华书店经销

*

2012 年 3 月第 一 版 开本:B5(720×1000)
2012 年 3 月第一次印刷 印张:8 3/4
字数:166 000

定价: **45.00 元**

(如有印装质量问题,我社负责调换)

前　言

在我国北方的大部分地区，路面积雪结冰问题较为常见，严重影响道路交通安全。因此，如何有效地解决冰雪路面的交通安全，避免交通事故或少出交通事故，提高道路通行能力和运营效益，形成良好的安全管理模式，已成为困扰冰雪地区交通管理部门的重要问题之一，科学有效地抑制路面结冰技术的开发研究具有非常重要的社会经济价值。

随着汽车工业和道路交通运输业的发展，作为固体废弃物的废旧轮胎的数量也随之激增。据世界卫生组织统计，目前世界废旧轮胎积存量已达 30 多亿条，并以每年约 15 亿条的数量增长，约 2250 万 t。因此，世界各国都在千方百计地寻求废旧橡胶轮胎的处理方法，废旧轮胎的回收利用也成为人们关注的重大环保课题之一。我国是轮胎生产和消费大国，年产生废旧轮胎上亿条，约 300 多万 t，若弃之不管，由此造成的经济损失达百亿元。

橡胶颗粒路面是将废旧橡胶轮胎破碎成一定形状和粒径的颗粒，以骨料的形式直接添加于沥青混合料中，用以代替部分集料而形成的新型沥青混合料铺筑而成的路面。由于橡胶颗粒路面中的橡胶颗粒具有较大的弹性变形能力，可以有效提高路面的变形能力，改善冰雪与路面的黏结状态，在车辆荷载作用下通过自应力可以有效抑制路面结冰，提高冰雪路面的交通安全水平。

橡胶颗粒路面抑制路面结冰技术，因其良好的抑制冰雪性能，方便的机械化施工和较低的后期管理要求，为冰雪地区清除路面冰雪提供了新的途径，是一种环境友好型路面除冰雪技术。不但可以大幅度提高道路工程的科技水平，促进道路使用状况的改善，而且充分考虑了生态环境的改善和保护，可有效地减少环境污染，促进城市废物的无害化处置和再生利用，促进资源节约使用，提升资源循环利用率，提高路面除冰雪效率，增强投资效益，减少投资浪费，降低运营维护费用，具有较大经济效益、社会效益和环境效益。

本书以环境友好型路面除冰雪技术——橡胶颗粒路面抑制路面结冰技术为对象，重点介绍其组成材料选择的技术要求、材料配合比设计、除冰雪机理、除冰雪性能评价方法及其实际应用情况等，不仅包含相关的基础理论知识，而且还涵盖了材料选择、组成设计、施工管理等具体的技术方法和技术手段，可为相关技术部门和管理部门掌握和应用该项技术提供详尽的参考。

本书撰写过程中涉及的技术内容主要来源于"十一五"国家科技支撑计划项目"道路冰雪自融与防滑技术"和交通部西部交通建设科技项目"橡胶颗粒路面

应用技术研究"等的研究成果。其中，"道路冰雪自融与防滑技术"的研究成果达到国际领先水平，研究成果获得黑龙江省科技进步二等奖。

作者谨向所有参加试验研究，提供数据资料的单位和研究人员表示衷心的感谢。

感谢华夏英才基金对本书出版的资助。

欢迎参加推广应用的单位和研究人员提出宝贵意见，欢迎广大有识之士提出批评建议。

作　者

2011 年 11 月

目　　录

第1章 绪 论

1.1 路面除冰雪技术

在我国北方的大部分地区，路面积雪结冰问题较为常见。尤其是初冬和初春季节，路面积雪在温度变化和车辆荷载的作用下，极易在路面形成薄冰，影响道路交通安全。有数据显示，冰雪使路面附着系数大大降低，干燥沥青路面的附着系数约为 0.6，积雪路面的附着系数约为 0.2，结冰路面的附着系数约为 0.15。积雪路面和结冰路面附着力明显减小，车辆的制动稳定性、转向操作稳定性都将变差，这些常常会使汽车刹车失灵、方向失控，车辆容易打滑、跑偏，制动距离显著延长，而且在冰雪路面上行车时，由于长时间的强光线反射刺激，容易使驾驶员双目疼痛、流泪、视线模糊不清，进而导致交通事故频繁发生，冰雪天交通事故率明显增加。据统计，因道路积雪结冰造成的交通事故占冬季交通事故总量的 35% 以上。另一方面，冰雪道路还严重制约了道路通行能力及交通运输效率。例如，2008 年 1 月席卷我国南方的暴雪，使京珠高速公路湖南段变成了巨大的停车场，6 万余人滞留其中。2009 年 12 月中旬，英国大部分地区由于路面冰雪，造成了高速公路严重堵塞，由此带来的经济损失高达 35 亿英镑。

因此，科学合理地研究路面除冰雪技术是十分必要的，从而有效提高冰雪路面的安全性能和管理水平，提高经济效益和社会效益。

对路面积雪结冰的处理问题，各国道路交通部门多年来一直非常重视，并做了大量的研究工作，探索出了多种清除道路表面积雪结冰的方法。这些方法主要分为化学方法和物理方法两大类。目前，国内外在清除道路表面积雪与结冰时常用的方法及相应的费用和管理水平如图 1.1 和图 1.2 所示。

1.1.1 化学方法

化学方法是通过在路面上撒布化学药剂（即融雪剂）来降低冰雪的融点，使冰雪融化，进而清除冰雪。撒布融雪剂是目前国际上较为流行的一种路面除冰雪的手段。国内外常用的融雪剂主要有氯化钙、氯化钠等各种盐类和乙二醇、丙二醇、尿素类、乙酸钾、乙酸钠、甲酸钠、乙酸镁钙类等。

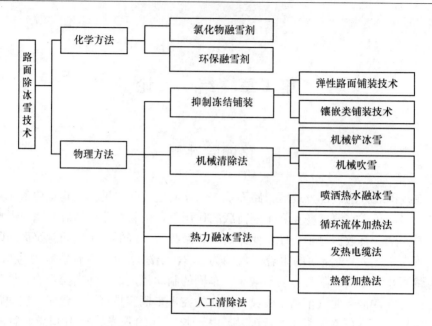

图 1.1　路面除冰雪技术

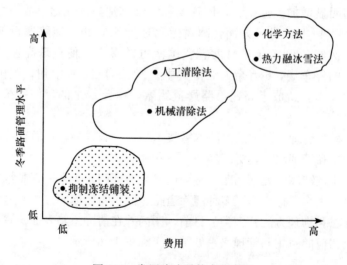

图 1.2　常用除冰雪技术分布图

　　化学方法的除冰雪效果受环境温度、车流量和车辆行驶速度等的影响较大，效果千差万别。如果环境温度过低或降雪量过大，都会严重影响它的使用效果。尤其是环境温度较低时，融雪剂自身很难快速溶解、融化，需借助车辆轮胎的碾压作用，所以融雪雪持续时间长，效果差，使用范围（环境温度宜高于－18℃）受限制，综合成本高。

　　经常可以发现，路面用过融雪剂后，当时还可以起到应有的作用，但由于自然环境是有温差变化的，一旦环境温度下降，被融化的积雪会冻结成冰，使路面更滑，交通事故率更高。有数据显示，湿润路面的摩擦系数约为 0.6，撒布融雪剂后的路面摩擦系数约为 0.4，冰雪路面的摩擦系数约为 0.1。另外，使用融雪剂后的路面给驾驶员以安全感，结果因思想放松而导致交通事故的数量多于撒布融雪剂之前。以某省 2004 年 12 月 23～24 日的统计数据为例，没有用融雪剂的情况下，发生交通事故 103 起，用融雪剂之后发生交通事故 236 起，用过融雪剂比不用融雪剂时的交通事故发生率多出一倍，而且多数融雪剂产品副作用很大。近年来有研究发现融雪剂对环境，特别是对淡水生物，具有很强的破坏性。原因在于融雪剂在融冰雪时利用的是其能降低水的冰点的特性，其间并没有产生化学反应，因此，融冰雪后其原有的化学组成和特性基本上保持不变，随融化的雪水渗入路面结构或流入周围水体。融雪剂中含有的溴等物质在气温升高冰雪融化后，会以气体形式释放出来，破坏对流层，使臭氧层受到损耗。

　　研究发现，大概 40% 的融雪剂渗入道路表面。其余的融雪剂一部分会被汽车带起，飞溅在道路两旁，数量在 5%～15%；另外一部分会停留在绿化植物表面或者被植物的根部吸收。融雪剂中的化学成分会损坏道路构造物，破坏绿化带植被，致使土地板结，造成道路沿线生态环境的恶化。另外，融雪剂在降解时还会消耗大量的氧气，生成大量的二氧化碳气体，这种耗氧反应也是融雪剂流入周围水体后产生污染的主要原因。根据美国交通部发布的一项统计报告，在每年使用 1000 万 t 融雪剂的情况下，会对道路、车辆造成 29 亿～59 亿美元的损失，对停车场造成 0.75 亿～1.5 亿美元的损失；导致 5%～10% 的植物病变甚至枯死。北京有关专家研究发现，导致北京二环路边树木及绿地植被大面积死亡的主要"元凶"就是融雪剂。融雪剂的使用曾造成北京 2003 年有 4 千多棵大树和 4 万多株灌木死亡，草地受害面积达 3 万多平方米，直接经济损失 1500 多万元。

　　由此可见，撒布融雪剂不但使用效果很难保证，而且由于融雪剂中的有害物质强力腐蚀道路材料、设备和机动车辆，影响路面的使用性能，还会造成一定程度的环境污染，已成为冰雪国家和地区的一种新公害。因此，各国公认化学方法并非理想的除冰雪方式。

1.1.2　物理方法

　　根据采用的具体措施的不同，物理除冰雪技术分为人工清除法、机械清除法、热力融冰雪法和抑制冻结铺装等。

　　1) 人工清除法

　　人工清除法是通过人工的方法清除路面积雪结冰。该方法对冰雪清除较彻底，但效率低，费用高，清冰雪作业影响车辆通行及行车安全，不能长时间作业，主要适用于雪量较小的情况下或重点难点路段冰雪的清除。

2）机械清除法

机械清除法分为机械铲冰雪和机械吹雪两类。机械铲冰雪法是采用机械设备对路面冰雪进行铲、推、扫，该方法设备效率高，适合于大面积清除作业。该方法虽然可以铲除路面上的大量积雪，但当气温较低时，由于冰雪与路面的黏结较为紧密，其除冰雪效果并不理想。而且该方法的除净率低，虽然铲除了路面上的大量积雪，宏观上看，露出了路面，但从微观上观察可以发现，路面凸凹处仍积满冰雪，在路面上形成了一个冰雪层，汽车在上面行驶，与路面的附着力仍然很低，车辆可操作性及刹车效果仍然较差，行车安全性仍得不到有效保障，不能从根本上解决冰雪路面的抗滑问题。除雪后常常还要在路面上再撒一些抗滑剂或除冰盐等，且国内生产的铲雪机功能单一，设备利用率较低；国外综合性的除冰雪机械价格昂贵，维修养护费用高，经济效益较差。

机械吹雪法仅适用于未经碾压过的厚度较薄的路面积雪，积雪一旦被压实或结冰则无能为力。机械吹雪法安全环保，但一般是边下雪边作业，机械需求量大，费用高，因此，适用范围较小，通常只适用于机场等便于管理的较小范围地区的除雪，不适合交通量较大的公路和城市道路除雪。

机械方法往往受路面状况、气温高低和冰雪层厚度等条件的制约，而且除雪机械的使用还会阻塞交通，降低工作断面的交通流量，影响行车安全。

3）热力融冰雪法

热力融冰雪法是利用热水、地热、燃气、电或太阳能等产生的热量使冰雪融化（如热管加热法、循环流体加热法、发热电缆法、导电路面铺装法等）。

喷洒热水除冰雪技术主要是降雪时向道路表面喷洒热水，使路面表面的冰雪融化，再流入道路内部或周边的集水管线，予以排除。该技术多采用大孔隙路面，以方便雪水的顺畅排除。喷洒热水除冰雪技术不但消耗大量的能源，而且融化的雪水进入路面结构时会将路表的灰尘等杂质带入，在路面结构内部积存，进而堵塞孔隙，致使排水不畅，影响雪水的排除。另外，进入路面内部的雪水还可能造成路面结构的冻胀破坏，影响路面的正常使用功能。

循环流体加热法是使用循环泵使被加热液体在埋设于道路内部的管线中循环，通过管壁处的对流换热使热量从循环介质传向道路结构，依靠结构层内的热传导将热量传递到道路表面，进而通过热传递与冰雪进行热交换融雪化冰。在此系统中，丙二醇水溶液、乙二醇水溶液、油等低凝固点溶液均可作为循环介质；而埋设于道路中的管材，通常需要具有较好的强度和柔韧性，以便施工时安装，使用时具有较好的抵抗车辆荷载作用的能力。

热管加热融雪系统是一种不用外加动力设备就可运行的系统，但是正是此特性导致热管融雪除了可控性差的缺点外，还具有以下不足。首先，系统要保持良好的流通性，埋管管径应当尽量大或者有很大的地下埋置深度，增加了初投资。其次，路面内埋管必须有足够大的梯度保证冷凝流体在自身的重力作用下流回蒸发端。再次，如果管道不是足够的清洁，或者管道的倾斜度不够，可能在管的周围形成冰，需要花费大量的财力和物力去修复。最后，管内的流体不能反向流动，在夏季不能达到热回收的效果，长年运行后，效果可能会减弱。

4）抑制冻结铺装

抑制冻结铺装主要是通过在路面铺装材料内添加一定量的特殊材料，改变路面与轮胎的接触状态和路面的变形特性，利用添加的特殊材料变形能力较强的特性，通过路面在外荷载作用下产生的自应力，使路面冰雪破碎融化，从而有效抑制路面积雪和结冰。该技术中常用的特殊材料为废旧橡胶轮胎破碎而成的橡胶颗粒。这不但可以有效提高路面的除冰雪能力，提高道路安全性能和运输效率，而且可以为废旧弹性材料的回收利用提供科学、合理的新途径，利于环境保护，节省资源。

1.2 废旧橡胶轮胎概况

1.2.1 废旧橡胶轮胎的产生量

废旧橡胶是固体废弃物的一种，其主要来源为废旧橡胶制品。废旧橡胶制品主要有轮胎、胶带、胶管和工业橡胶制品等，其中以废旧轮胎为最多，约占废旧橡胶产生量的 60%。表 1.1 为部分国家及地区的废旧橡胶轮胎产生数量。

表 1.1 部分国家及地区废旧橡胶轮胎产生数量 （单位：万条）

国家及地区	产生量	年 份	国家及地区	产生量	年 份
美国	29000	2007	欧盟	31000	2005
中国	23300	2009	日本	10000	2006
墨西哥	3000	2004	巴西	2700	2002
韩国	2300	2003	加拿大	2200	2003

统计数据显示，废旧橡胶轮胎的产生主要集中在发达国家。美国是世界上橡胶消耗第一大国，也是废旧橡胶轮胎产生量最大的国家，2007 年报废橡胶轮胎近 3 亿条，若以每条 15kg 计，产生量约为 450 万 t。欧盟 2005 年报废旧橡胶轮胎约为 465 万 t。日本 2006 年废旧橡胶轮胎的产生量约为 150 万 t。过去工业发达国家一直把废旧橡胶轮胎作为废物处理，以堆存和填埋为主。到 20 世纪 80 年代，出于环境保护和资源再利用考虑，开始将废旧橡胶轮胎作为黑色黄金来对待，其处理方式主要有：翻新、能量回收和材料利用等。

统计数据显示，我国 2005 年废旧橡胶轮胎的产生量约 1.3 亿条，约合 195

万 t；2009 年产生废旧橡胶轮胎约 2.33 亿条，约合 300 多万 t。目前，我国废旧橡胶轮胎的回收利用以材料利用为主。2009 年，再生橡胶产量约 270 万 t，橡胶粉产量约 20 万 t。

1.2.2　废旧橡胶轮胎的回收利用

随着汽车工业的发展，废旧橡胶轮胎产生量逐步增多，废旧橡胶轮胎的无害化、资源化再利用方法一直是世界各国积极研究的一个重要课题。目前，废旧橡胶轮胎的处理主要有以下几种方式。

1）堆存和填埋

废旧橡胶轮胎长期堆存易孳生蚊虫、繁殖鼠类，跨区域转移则增大了蚊虫及疾病传播的范围和非本土物种的引入，增加了生态风险及控制的难度。20 世纪 40 年代，美国将二战期间在亚洲使用的已受到蚊虫侵害的剩余轮胎运回国，结果造成了输入性疾病的传播，人们首次发现报废轮胎和携带疾病的蚊虫之间的关系。

废旧轮胎简单堆存和无序存放，还容易因纵火或雷击等其他偶然因素造成火灾，而且一旦燃起便难以控制和扑灭，并且会持续燃烧很长时间，产生大量烟雾和有毒污染物，污染环境。

废旧轮胎露天燃烧会产生大量的黑烟、二氧化碳、挥发性有机污染物及有毒有害大气污染物（如多环芳烃、二噁英类、呋喃、氯化氢、苯、多氯联苯、砷化合物、镉、镍、锌、铬和钒等）；也会因橡胶的高温分解而产生大量含有锌、镉、铅等重金属和多氯联苯、多环芳烃等持久性有机污染物（POPs）的油类物质，污染土壤和水体；燃烧后的残余物通常也含有重金属和 POPs，处置不当也容易污染土壤和水体。

堆存和填埋作为处置废旧橡胶轮胎的一种方式，正逐渐被其他利用方式所替代。欧盟《废物填埋技术指令》规定 2003 年后禁止整胎填埋，2006 年后禁止轮胎破碎后填埋。美国许多州也禁止用专门的垃圾填埋场填埋废旧橡胶轮胎。我国也在积极推进废旧橡胶轮胎处理相关法规的制定，严格控制废旧橡胶轮胎的流向。

2）直接利用

废旧轮胎翻新是废旧橡胶轮胎直接利用中最有效、最直接而且经济的利用方式。轮胎翻新就是将已经磨损的旧轮胎外层经过处理，使之能重新使用的过程。与新轮胎相比，翻新轮胎具有许多优点：①省钱。翻新轮胎价格仅为新轮胎的 20%～50%，在北美，每年因使用翻新卡车轮胎节省约 30 亿美元。②节能。生产每条新轮胎约需 970MJ 能源，翻新轮胎仅需 400MJ。③节约原材料。翻修轮胎所消耗的原材料仅为新轮胎的 15%～30%。生产每条新轮胎需要约 83.27L 的石油，翻新卡车轮胎仅需 26.5L 石油。④减排。每条翻新轮胎比新轮胎减少二氧化碳排放 26.4kg。⑤延长使用寿命。经过一次翻修的轮胎寿命一般为新轮胎寿命的 60%～90%，平均行驶里程可以达到新轮胎的 75%～100%。在使用保养良好的情况下，一条轮胎可多次翻修。例如，钢丝子午线轮胎可翻修 4～6 次。通过多次翻新，至少可使轮胎的总寿命延长 1～2 倍。因此，发达国家非常重视轮胎翻新和再使用。2005 年美国只有 18 家轮胎制造商，48 家轮胎生产厂，但轮胎翻新厂或销售商多达 1094 家，年翻新轮胎 3200 万条，翻新率 10.7%。2007 年我国轮胎翻新量 1200 万条，翻新率约为 6%，与发达国家还有一定的距离，但与以往相比有较大的进步。

轮胎翻新过程的环境影响与翻胎工艺关系密切。目前主要有热硫化法、预硫化法及聚氨酯法。翻胎硫化过程中溶剂、胶合剂和橡胶化合物所产生的易挥发有机化合物，对环境和人类健康有一定的危害。我国普遍使用的是热硫化工艺，该法在涂胶修补后粘贴的胎冠胶未经预先硫化，在高温高压下用翻胎硫化模具进行硫化成型，长时间高温易使橡胶老化，对胎体的伤害严重，挥发性气体产生量大。目前发达国家普遍使用的预硫化工艺翻胎时胎体不经受高温高压，胎体不易老化，增加了胎体的可翻新次数，延长了胎体的使用寿命，同时，也减少了硫化过程有机污染物的排放。更为环保的聚氨酯弹性体翻胎技术也逐渐成熟并开始得到推广应用，这种技术可大幅提高翻新轮胎的质量，减少对天然胶的依赖及橡胶配合剂对环境的污染。

根据我国及国际标准，轿车轮胎只能翻新 1 次，载重汽车轮胎也只能进行有限次数的翻新。因此，每年依然有大量的轮胎彻底报废。对于彻底报废的橡胶轮胎的回收利用可以有原型利用和间接利用等方式。

原型利用亦是废旧轮胎直接利用的一种。通过捆绑、剪裁、冲切等方式，可将废旧轮胎改造为填埋场土工布保护层、港口码头及船舶的护舷、防波护堤坝、漂浮灯塔、公路交通墙屏、路标及海水养殖渔礁、游乐游具等。原型利用简单实用，但消耗量不大，仅占废轮胎产生量的 1%，只是一种辅助途径。

3）间接利用

废旧轮胎经热解可提取具有低热值的燃气、低能含量且富含芳烃的油类、炭黑及钢铁等。该方法技术复杂、成本高，易造成二次污染，且回收物质质量欠佳又不稳定。近年来，各国在废旧轮胎热解方面的研究取得了一些进展，但已开发的工艺大多由于经济性较差而限制了其进一步推广，有关实际应用与商业运行的热解工艺的报导不多。

4）生产再生胶

再生胶生产是指经过物理、化学处理，使橡胶中的碳硫键和硫硫键断裂，其弹性状态变成具有塑性和黏性的、能够再硫化的橡胶的过程。目前主要的脱硫技术有化学法（动态脱硫法、水油法）、超声波法、微波法和生物法四种。我国普遍应用的是动态脱硫技术，但仍存在少量落后的水油法工艺。再生胶具有良好的塑性、收缩性小、流动性好、耐老化及良好的耐热、耐油和耐酸碱性等优点，缺点是吸水性、耐磨性及耐疲劳性差。再生胶生产利润低、劳动强度大、生产流程长、能源消耗大、环境污染严重，因此发达国家早已逐年削减再生胶产量，有计划地关闭再生胶厂。以美国为例，受严格的环保要求限制，再生胶企业污染防治成本往往占生产成本的 10%～30%，而且很难获得环保部门的审批，且与新胶相比，再生胶品质低、价格高，无市场优势，目前仅占废轮胎市场的 1%～2%。由于历史原因，再生胶生产仍是我国废轮胎回收利用的主要途径，2007 年产量超过 200 万 t，占世界再生胶产量的 85% 以上，是名副其实的"再生胶王国"。

动态脱硫是废胶在增塑剂（软化剂和活化剂）、氧、热和机械剪切的综合作用下使硫化橡胶的部分分子链和交联点断裂的过程。软化剂起膨胀和增塑作用，常用的有煤焦油、松焦油、石油系软化剂、裂化渣油。活化剂能缩短再生时间，减少软化剂用量。常用的活化剂为芳香族硫醇及其锌盐和芳香族二硫化物。再生胶生产过程包括粉碎、再生（脱硫）和精炼三个工序。在粉碎工序，会有粉尘、纤维及噪声产生；在脱硫工序，由于软化剂是以单环、双环、三环芳烃为主的芳烃油及沥青质等杂环芳烃混系物，因此，在高温塑化过程中，软化剂中易挥发组分就容易分解产生苯、甲苯、二甲苯、苯并芘和 H_2S 等污染物，成为恶臭的主要来源；在精炼工序，密炼和开炼过程均有可能使低熔点的软化剂分解，产生轻组分石油烃、水合物及苯系物等。国外有研究指出，化学法和超声波法可导致包括苯、甲苯和庚烷等约 50 种有机化合物的排放。

5）生产硫化橡胶粉

硫化橡胶粉是将废轮胎去除金属、纺织物后，碾磨成的分散度良好的橡胶颗粒，性质轻且干燥，具有很好的表面积。与传统的再生胶相比，胶粉生产污染小，利用率高，可以生产高附加值且能够循环使用的新型产品。例如，生产热塑性弹性体替代部分新轮胎材料；生产橡胶制品、防水材料；生产橡塑枕木代替水泥、木材枕木等；生产胶粉改性沥青，替代 SBS 合成橡胶；生产改性混凝土用作公路路面混凝土材料。

6）能量回收

废轮胎具有热值高，水分和灰分含量低等优点，利用轮胎生产衍生燃料（tyre derived fuel，TDF）回收其能量是发达国家目前较为普遍且最为主要的利用方式。水泥厂、发电厂、造纸厂等需要热能的锅炉或窑炉均可成为转化轮胎能量的场所。废轮胎经破碎后，再按一定的比例与其他燃料混合，制成轮胎衍生燃料，供高炉喷吹代替煤、油和焦炭作烧水泥的燃料或代替煤用于火力发电。2005年，美国水泥窑 TDF 利用量约占 40%，发电厂锅炉 33%，造纸厂锅炉 20%，其他 7%。117 个 TDF 利用设施共协同处理废轮胎 214 万 t，155 亿条。

废轮胎热能回收可能产生二噁英、呋喃等持久性有机污染物及锌、镉、镍、铅等重金属污染物。由于水泥窑排放的气体量极大，超出了监测仪器的监测极限，因而缺乏水泥窑大气污染物潜在环境影响的结论性研究，人们对废轮胎焚烧造成的大气污染物的排放数据仍存在争议。加利福尼亚大学的 Schwartz 教授对加利福尼亚州 4 个燃烧 20％轮胎作为替代燃料的水泥窑进行的研究表明，二噁英、呋喃、多环芳烃、铅、铬等污染物均有不同程度的增加，其中，多环芳烃最多增加了 2230％。由美国波特兰水泥协会资助开展的一项独立研究在对 31 个 TDF 水泥窑大气排放数据分析后认为，TDF 水泥窑的二噁英、呋喃排放水平仅及普通燃料（煤、天然气、焦炭）水泥窑的 1/3，颗粒物排放则低 35％，NO_x、CO_2、SO_2、总烃及金属的排放水平也相对较低（均低于 10％），仅 CO 排放水平稍高。尽管焚烧处理回收能量的方式消纳了大量的废轮胎，但随着越来越严格的大气排放要求，以及环保团体和公众的强烈反对，欧美国家开始减少或关闭废轮胎焚烧回收热能的设施。

综上所述，世界各国对废旧橡胶轮胎资源的回收利用情况对比见表 1.2。

表 1.2 废旧橡胶轮胎资源的回收利用情况对比表

利用方法 对比指标	橡胶粉/橡胶颗粒	再生胶	热能利用	
			热裂解	水泥窑炉
资源化利用率	最高	较高	低	最低
环境友好程度	最高	最低	较低	较低
单位环保投资	最低	最高	较高	较高
单位能源消耗	较低	最高	低	最低
单位投资成本	较高	较低	最高	最低
单位生产成本	高	较高	低	最低
产品使用范围	广泛	较窄	窄	最窄
主要使用国家和地区	美国、白俄罗斯、南非、加拿大、欧盟各国	中国	中国、日本、澳大利亚	美国、日本

1.3 废旧轮胎橡胶在路面工程中的应用技术

废旧轮胎橡胶在路面铺装中的应用比较广泛，主要有以下两种方式：一种是橡胶粉改性沥青技术的应用，即采用一定细度的橡胶粉直接掺于沥青中，其主要目的在于改善沥青性能；另一种是橡胶颗粒路面的应用，即将废旧的橡胶轮胎破碎成具有一定形状和粒径的颗粒，并代替部分集料，以骨料的形式直接掺于沥青混合料中，从而形成橡胶颗粒沥青混合料铺筑而成的路面。

1.3.1 橡胶沥青技术

国际上废旧轮胎橡胶在路面铺装中的应用领域主要是采用一定细度的废旧橡胶粉用于改善沥青的性能，生产橡胶粉改性沥青（简称橡胶沥青）和橡胶粉改性乳化沥青等，并将其应用于路面铺装中。

最早的废旧轮胎橡胶粉改性沥青及其混合料研究文献见于 1846 年的英国专利。现代意义的橡胶粉改性沥青混合料首先出现在 20 世纪 30 年代的美国，Lewis 和 Welborn 率先开展了橡胶粉改性沥青混合料的室内试验研究。60 年代，Charles 及其合作者首先采用湿拌法的生产工艺生产了 Overflex TM 橡胶粉改性沥青混合料，此法获得专利权。1991 年，美国国会通过了陆上综合运输经济法案（又称冰茶法案），其中 1038 条款，即关于再生路面材料使用条款，规定各州必须充分利用废旧轮胎橡胶粉或橡胶颗粒进行沥青混凝土路面的新建与维修，要求从 1994 年起凡使用联邦经费的热拌沥青混合料都必须以 5％的经费用于废旧橡胶沥青混合料，以后每年再增加 5％，直至 1997 年达到 20％的水平。随后，又颁布了"橡胶粉改性沥青的性能标准"等，用以指导橡胶粉改性沥青及其混合料的生产和使用。截至 1993 年，有 27 个州研究了橡胶粉改性沥青及其混合料，而总计有 38 个州在沥青混合料中使用废旧轮胎橡胶粉。据统计，到 1998 年，美国利用橡胶粉或橡胶颗粒铺筑而成的沥青路面已达到 1.1 万 km，其间共计消耗废旧轮胎大约 4 亿条。美国应用废旧轮胎橡胶粉较多的州有：亚利桑那州、加利福尼亚州、佛罗里达州、得克萨斯州等。

从 20 世纪 60 年代起，瑞典、英国、法国、比利时、澳大利亚、日本、南非、印度等国家也先后开展了橡胶粉改性沥青和橡胶粉改性沥青混合料的应用研究。并通过立法和技术推广，极大地促进了废旧轮胎橡胶在路面工程中的应用。

南非的废旧轮胎橡胶在道路行业的应用十分成功，其研究主要集中于橡胶粉改性沥青应用技术方面，利用废旧轮胎橡胶粉生产的橡胶粉改性沥青的应用领域包括沥青混合料、应力吸收层、应力吸收中间层等，基本上已经拥有了一整套相关的技术。

20 世纪 60 年代末，瑞典首先开展了干法橡胶粉改性沥青混合料的研究，该方法申请了专利，被称为 PlusRide 法。此种方法是将废旧轮胎橡胶粉直接加入到混合料中，通过充分的机械搅拌，与沥青发生反应，达到改善沥青性能的目的，进而改善沥青混合料的性能。

在我国，对于废旧轮胎橡胶在路面工程中的应用技术的研究也主要集中于橡胶粉改性沥青及其混合料的研究，对于橡胶颗粒混合料技术的研究极少。相比于国外，国内的研究起步并不晚，早在 20 世纪 70 年代末就已经开始了废旧轮胎橡胶粉在路面工程中的应用技术的研究，并在四川、江西等省铺筑了试验路。由于当时的橡胶粉的生产工艺落后，废旧橡胶轮胎的环保压力不大等方面的原因，早期的重复研究多，实质性的突破少。后来，一些大专院校和科研机构从橡胶粉改性沥青及其混合料的特性机理到开发应用均作了大量工作，废旧橡胶粉在路面铺装中的应用技术获得重大突破。广东、山东、辽宁、北京、天津、湖北等省市都先后开展了相关的应用研究，并取得了一定的实践成果。

2001 年初，交通部公路科学研究所首次在钢桥桥面铺装中采用了橡胶粉改性沥青，该桥面经受了 4 个夏季的超重载交通的考验，基本保持完好，各项性能指标保持优良。随后，交通部公路科学研究所主持完成了交通部西部交通建设科研项目"废旧橡胶粉用于筑路的技术研究"，该项目侧重于橡胶粉改性沥青及其混合料的性能研究，并在广东、山东、河北、四川、贵州等地修筑了试验路和实体工程。叶智刚等对橡胶粉改性沥青的改性机理及性能进行了研究。傅大放等对废旧橡胶粉干法改性热拌沥青混合料进行了试验研究。研究认为，橡胶粉的加入，使沥青混合料的弹性在较大温度范围内得到了提高，在较高的使用温度下，混合料的残余变形累积较少，而在负温度下弹性变形能力提高，使得沥青混合料的高低温性能均得到了改善。

曾蔚等应用 40 目、80 目和 120 目的橡胶粉，采用干拌法制作沥青混合料，对其低温性能进行了试验研究，研究分别采用低温弯曲试验、无约束收缩试验和低温约束试验方法。研究结果表明，由于橡胶粉的掺入，使得混合料的低温弯拉应变增加，劲度模量降低，混合料的低温弯曲性能有所提高；而且橡胶粉的掺入还降低了混合料的温度敏感性，使混合料最大温度收缩应变率的温度范围逐渐向低温方向发展；掺加橡胶粉的沥青混合料的断裂温度有所降低，断裂应力有所提高，低温性能总体优于其他改性沥青混合料。研究中还发现，颗粒粒径大的相比较于粒径小的胶粉混合料低温性能更好；橡胶粉组分中天然橡胶含量较高的，混合料的性能相应较好。

1.3.2　橡胶颗粒路面铺装技术

对于橡胶颗粒沥青混合料技术的研究开始于 20 世纪 80 年代末期。对于此项技术的研究，各国的研究和应用情况差别较大。其中美国对于此项技术的研究开展较早。Heitzman 尝试将 6.4～0.85mm 的橡胶颗粒直接加入到断级配沥青混合料中，用其来代替部分石料，并将其用做磨耗层；van Kirk 和 Jack 等将一定粒径的橡胶颗粒掺于密级配沥青混合料中，用来代替部分石料以满足级配要求，同时部分改善沥青性能。该方法要求用于面层铺装的沥青混合料中的橡胶颗粒的掺量不能大于混合料质量的 2%，且橡胶颗粒的粒径较小，基本上是用于替代混合料中的细集料的部分。利用该方法，佛罗里达州、纽约州、俄勒冈州和安大略州分别修筑了试验路段。

　　美国陆军工程兵寒冷地区研究和工程实验室（US Army Corps of Engineers Cold Regions Research and Engineering Laboratory，CRREL）研究发现，橡胶颗粒沥青混合料可以有效破除路面结冰。将 4.75～9.5mm 的橡胶颗粒添加到混合料中，并分别对橡胶颗粒掺量为 3%、6% 和 12% 的沥青混合料进行了马歇尔试验、回弹模量测试和除冰雪试验。室内试验结果表明，橡胶颗粒掺量越高，除冰雪效果越明显。但由于未能很好地解决混合料的成型和耐久性等问题，该方法仍处于室内试验阶段。

　　加利福尼亚州运输部采用粒径较小的橡胶颗粒替代混合料中的部分细集料拌制沥青混合料，修筑了 4 条试验路段，虽然均不同程度地出现了裂缝和车辙等破坏，但总体情况好于传统的密级配沥青路面，其中只有一条试验路段由于设计问题而需要重新罩面。明尼苏达州运输部于 1989 年开始，陆续修建了两条橡胶颗粒路面用于除冰雪，橡胶颗粒的掺量为 2%，实践证明，路面的除冰雪效果不明显，但其他路用性能良好。得克萨斯州也修筑了橡胶颗粒路面，但通车 3 个月内即发生了严重的破损。华盛顿州、安大略州等地也先后铺筑了橡胶颗粒路面，但路用性能和除冰雪效果都不理想。

　　在法国，废旧轮胎橡胶颗粒主要被用于起降噪作用的多孔隙路面的铺筑，截至 1995 年，橡胶沥青多孔隙路面累计已经超过 100 万 m²。在日本，废旧轮胎橡胶主要被用于生产橡胶粉改性沥青。同时，也对橡胶颗粒在路面铺装中的应用进行了研究。日本道路建设公司研究了一种利用橡胶颗粒防止因路面冻结而导致车辆打滑的技术。其方法是在刚完工的沥青路面上铺撒直径 2cm 的五角形橡胶颗粒，用压路机将其压入沥青路面。压入路面内的橡胶颗粒有小部分露出路面，增加了路面的摩擦力。同时，车辆荷载的作用使橡胶颗粒变形，车辆通过后的反弹力使冰破碎，从而防止路面打滑。1998 年在东京—长野的高速公路上铺筑了试验路段。研究结果表明，此项技术可以有效地清除路面积雪结冰，提高路面抗滑能力。

　　比利时及奥地利在铺设路面的石料中加入废旧橡胶颗粒，用于提高路面的耐磨性和抗裂性，并部分的降低噪声。

　　自 1998 年，哈尔滨建筑大学开始了废旧轮胎橡胶颗粒沥青混合料技术的探索性研究。刘晓鸿硕士对有橡胶颗粒存在条件下混合料的路用性能进行了研究，并对橡胶颗粒沥青混合料的除冰性能进行了初步探索，研究结果证明了橡胶颗粒在沥青混合料中应用的可行性和除冰效果。

　　2003 年起，谭忆秋依托交通部西部交通建设科技项目和"十一五"国家科技支撑计划项目，对橡胶颗粒沥青混合料的组成设计方法、成型工艺及实际应用性能等开展了系统的研究。

第 2 章　橡胶颗粒沥青混合料用原材料的选择及技术指标要求

橡胶颗粒沥青混合料的性能决定于其组成材料的性质、组成配合比例和混合料的制备工艺等因素。为保证橡胶颗粒沥青混合料的技术性质,首先要正确选择符合质量要求的组成原材料。

2.1　橡　胶　颗　粒

橡胶颗粒沥青混合料中的橡胶颗粒是以骨料形式添加,用以代替部分集料的。作为橡胶颗粒沥青混合料的重要组成成分,橡胶颗粒本身的技术性质对铺面混合料的性能有重要影响。橡胶颗粒的表面状况、颗粒形状等直接影响橡胶颗粒与沥青间的相互作用情况及混合料的组成结构状态,进而影响混合料的性能,而橡胶颗粒的表面状况和形状特性取决于材质及其生产工艺。

2.1.1　橡胶颗粒的分类

废旧橡胶颗粒根据其使用要求的不同,有不同的种类和规格。橡胶颗粒的生产原料按废旧橡胶的来源可分为废旧轮胎橡胶和杂品橡胶两大类。除了橡胶轮胎以外,其他的废旧橡胶传送带、胶管、胶鞋及废旧工业橡胶制品等统称杂品橡胶。

此外,废旧轮胎橡胶颗粒还可以根据其生产工艺和粒径进行分类。按破碎方式可分为常温粉碎的废旧轮胎橡胶颗粒、低温粉碎的废旧轮胎橡胶颗粒。按粒度的不同可分为粗橡胶颗粒和细橡胶颗粒。

由于废旧橡胶轮胎的产生量大,其组成成分相对固定,生产出来的橡胶颗粒的性能品质稳定,因此,目前生产橡胶颗粒的原材料主要是废旧橡胶轮胎,约占总产量的 80% 以上。

橡胶轮胎种类和轮胎部位的不同,其组成成分和相应的物理性能不同,所生产出来的橡胶颗粒的技术性能亦有所不同。

根据轮胎内部结构特点和材质的不同,市场上的橡胶轮胎主要分为斜交轮胎和子午线轮胎两种。①斜交轮胎:斜交轮胎由多层帘布斜交而成,其结构如图 2.1(a)所示。斜交轮胎因为胎体帘布层材料不同又可分为棉帘线轮胎、人造丝帘线轮胎、尼龙帘线轮胎、聚酯帘线轮胎和钢丝帘线轮胎五类。②子午线轮胎：子午线轮胎帘布层内的帘线以轮胎中心点为中心成辐射状排列，然后在帘布上面用$10°\sim20°$（钢皮带内钢线的角度）的钢皮带箍住，其结构如图 2.1（b）所示。

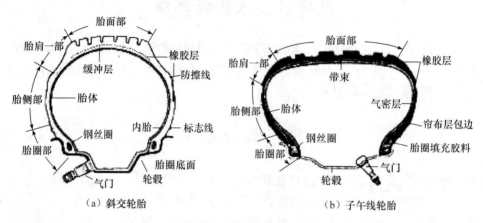

（a）斜交轮胎　　　　　　　　　　（b）子午线轮胎

图 2.1　轮胎构造示意图

　　因橡胶轮胎每个部位的使用条件不同，所选用的胶料也不同。①胎面胶：胎面胶直接接触地面，使轮胎具有牵引力，承受冲击和磨损，其扯断强度、弹性、撕裂强度、耐磨性、耐老化性能都很高，同时有适当的硬度和低的永久变形。载重汽车轮胎胎面胶通常采用 30％丁苯橡胶和 70％天然橡胶，或 50％聚丁二烯橡胶和 50％天然橡胶并用。轿车轮胎胎面胶通常采用 30％天然橡胶和 70％丁苯橡胶。②胎侧胶：是贴覆于外胎侧壁表面的覆盖胶层，有效保护帘布层免受潮湿、大气作用及机械损伤等作用，一般不承受大的机械力，具有良好的耐曲挠疲劳、耐光老化和耐臭氧老化等性能。载重汽车轮胎胎侧胶通常采用 30％聚丁二烯橡胶和 70％天然橡胶，或 20％丁苯橡胶、20％聚丁二烯橡胶和 60％天然橡胶三胶并用。轿车轮胎胎侧胶通常和胎面胶采用同一种胶料。③帘布层（胎体）：此部分从外观上是看不到的，为轮胎的主骨架，可分为外层帘布胶和内层帘布胶。其具有充分的强度、柔软性和弹性。帘布胶通常以天然橡胶为基础制造。外层帘布胶的炭黑含量较多（硬度、定伸强度较高），可以掺用 20％的聚丁二烯橡胶或丁苯橡胶，内层帘布胶的炭黑含量较少（硬度、定伸强度较低），可以掺用 30％的聚丁二烯橡胶或丁苯橡胶。

　　综合上述分析，将轮胎各部位所用胶料性能情况汇总于表 2.1。

　　胎面胶的硬度和柔韧性适中，生产的橡胶颗粒性能稳定，因此，铺面用橡胶颗粒沥青混合料推荐采用由胎面胶生产的橡胶颗粒。

表 2.1　轮胎各部位性能

部件名称	生胶成分	性能比较
胎面胶	NR 或 BR 或 IR	
胎侧胶	NR 或聚氯丁橡胶	胎侧胶比胎面胶和帘布层的硬度小，线头多
帘布层	NR 或 BR 或 SBR	

注：NR 为天然橡胶；BR 为聚丁二烯橡胶；IR 为聚异戊二烯橡胶；SBR 为丁苯橡胶。

2.1.2　废旧轮胎橡胶颗粒的生产工艺

1. 生产工艺概述

通常，废旧轮胎橡胶颗粒的生产工艺可分为常温粉碎和低温粉碎两种。

1) 常温粉碎法

一般是指在常温或略高于常温的温度下通过机械作用粉碎橡胶轮胎制成橡胶颗粒的一种粉碎方法。其粉碎原理是通过机械剪切力的作用对橡胶进行挤压、辗磨、剪切和撕拉，从而将其切断和压碎。

(1) 生产工艺。废旧橡胶轮胎经过预加工后进行常温粉碎的工序主要为粗碎与细碎，一般分为三个阶段：首先将大块轮胎废橡胶破碎成 50mm 大小的胶块；然后在粗碎机上将上述胶块再粉碎成 20mm 的胶粒，将粗胶粒送入金属分离机中分离出钢丝杂质，再送入风选机中除去废纤维；第三是用细碎机将上述胶粒进一步磨碎后，经筛选分级，最后得到各种粒级的橡胶颗粒。

(2) 特点。投资小，工艺流程短，能耗低，但粉碎过程中温度升高，尤其是细碎产热很多，橡胶容易氧化，此种方法只能回收硫化后的橡胶。由于常温粉碎法在技术经济指标上优于低温粉碎方法，因此其在废旧轮胎橡胶颗粒工业化生产中占据主导地位，是世界废旧轮胎橡胶颗粒生产的主要方法。常温粉碎中以常温辊轧法和轮胎连续粉碎法最为常用。

2) 低温粉碎法

低温粉碎法是利用低温作用，使橡胶冷冻到玻璃化温度以下，然后用机械力进行粉碎而制备橡胶颗粒的一种方法。该工艺利用各种物质低温脆性之差异，可对复杂物作选择性粉碎（如橡胶、金属和纤维等）。低温粉碎法根据所采用的冷冻介质不同可分为液氮低温粉碎法和空气膨胀制冷粉碎法。

(1) 生产工艺。废橡胶经过预加工后，利用液氮为制冷介质或采用空气膨胀制冷技术，使废橡胶冷冻至玻璃化温度以下，然后用锤式粉碎机或辊筒粉碎机进行低温粉碎。

(2) 特点。产品粒度细，单体解离比较充分。有分级设备，可以生产任意粒度的橡胶颗粒。橡胶颗粒不含钢丝、纤维等。废旧橡胶轮胎的分离、粉碎各部分回收率可达 97%。低温粉碎方法的整个生产过程系低温条件下的物理过程，而且生产全过程均采用以压缩空气为动力的送料器和封闭式管道输送，除废旧轮胎投入和产品包装时与空气接触外，全线均为封闭状态，可以避免生产过程中橡胶的热变质和氧化变质。另外，由于采用冷冻法生产，无高温气味，不产生二次污染，且能回收未经硫化的橡胶。但低温粉碎法由于使用液氮或空气膨胀制冷技术进行降温，故动力消耗大，生产成本较高。

2. 生产工艺对废旧轮胎橡胶颗粒性状的影响

不同生产工艺的破碎原理不同，橡胶颗粒生产过程中承受的作用力不同，常温粉碎主要是剪切力的作用，而低温粉碎主要是冲击力的作用。常温粉碎的橡胶颗粒不断受到切削和挤压的作用，受力作用断裂时分子链变形较大；而低温粉碎的橡胶颗粒主要承受冲击力的作用，在受力破坏时，分子链变形小。生产工艺不同，生产出来的橡胶颗粒的表面状况差异较大。通常，常温粉碎法生产的橡胶颗粒的形状不规则，表面粗糙，有无数的凹凸，呈毛刺状态；而低温粉碎法生产的橡胶颗粒形状规则，表面平滑，呈锐角状态。不同生产工艺生产的橡胶颗粒如图 2.2 所示。

（a）低温粉碎　　　　　　　　　　　　（b）常温粉碎

图 2.2　不同工艺生产的橡胶颗粒

采用扫描电子显微镜对不同加工工艺生产的橡胶颗粒进行微观分析（图 2.3～图 2.5 是不同工艺生产的橡胶颗粒在不同放大倍数下的扫描电子显微镜照片）。结果显示，无论哪一种生产工艺，橡胶颗粒的表面均有"蜂窝状"的粒子存在。但常温法生产的橡胶颗粒的表面还有棱角状的粒子存在，颗粒表面的"蜂窝"较疏松，表面多毛刺，呈撕裂状，撕裂棱为长条形，扫描电子显微镜下观察到的大量突起即长条形撕裂棱；而冷冻法生产的橡胶颗粒表面的"蜂窝"较紧密，表面规则，呈层叠状，颗粒边缘无明显棱角，近似圆形。

（a）放大100倍　　　　　　　　　　　（b）放大2000倍

图 2.3　常温法生产的橡胶颗粒的扫描电子显微镜照片

（a）放大100倍　　　　　　　　　　　（b）放大2000倍

图 2.4　低温法生产的橡胶颗粒的扫描电子显微镜照片

（a）常温粉碎法　　　　　　　　　　　（b）低温粉碎法

图 2.5　不同生产工艺的橡胶颗粒的扫描电子显微镜照片（放大 500 倍）

从微观状况分析看，常温粉碎法生产的橡胶颗粒在低倍观察时近似圆形，而高倍观察时发现其形状其实是长条形，表面呈微小的凹凸起伏状。低温粉碎法生产的橡胶颗粒呈圆形或多角形，表面光滑。

扫描电子显微镜分析结果还显示，随着橡胶颗粒粒径的减小，颗粒间的成团现象越来越突出，这将直接影响橡胶颗粒在沥青混合料中的分散程度及橡胶颗粒与沥青间的反应程度。

不同破碎工艺生产的橡胶颗粒的形状特性和表面特性情况等汇总于表 2.2。

表 2.2　不同加工工艺生产的橡胶颗粒的特性

项　目	常温粉碎法	低温粉碎法
密度	相同	相同
形状特性	不规则；比表面积较大	规则；比表面积较小
表面特性	表面呈凹凸状态；呈毛刺状	表面光滑，呈层叠锐角状

2.1.3　橡胶颗粒的技术指标及评价方法

1. 橡胶颗粒的物理性质

轮胎是由橡胶、钢丝和纤维组成的。对橡胶颗粒沥青混合料路用性能有影响的物理性能指标包括颗粒形状、粒径与级配、密度、纤维与金属等物质的含量等。

1）颗粒形状

对于橡胶颗粒沥青混合料而言，橡胶颗粒以骨料的形式直接掺加到混合料中，用以代替部分集料，因此，橡胶颗粒的形状特性对其在混合料中的分散程度、与沥青及石料的结合、接触状况及其强度和弹性性能的发挥将产生重要影响。

通过对国内常见的橡胶颗粒的调查发现，废旧轮胎橡胶颗粒的形状通常有立方状和细长扁平状两大类。由于橡胶颗粒沥青混合料中的橡胶颗粒是以骨料的形式存在的，因此，可以借鉴沥青混合料研究中对集料的形状特性的研究经验，以细长扁平颗粒含量为评价指标，来描述橡胶颗粒的形状特性。

2）粒径和级配

粒径是橡胶颗粒的主要技术指标之一，废旧轮胎橡胶颗粒的粒径分布因生产工艺、破碎机械和筛分设备种类等的不同而不同。在铺面工程应用中，橡胶颗粒是用来代替部分集料的，为了达到混合料密实填充和路用性能要求，废旧轮胎橡胶颗粒一般应有一定的级配。

粒径就是颗粒可以通过筛网的筛孔尺寸，以 1in[1] 宽度的筛网内的筛孔数表

1）1in=2.54cm，下同。

示，因而称之为"目数"。目前在国内外尚未有统一的粒径技术标准，各个企业都有自己的粒径指标定义和表示方法。在不同国家、不同行业的筛网规格有不同的标准，因此"目"的含义也难以统一。目前国际上比较通用的是等效体积颗粒的计算直径来表示粒径，以 μm 或 mm 表示。一般情况下，橡胶颗粒沥青混合料用橡胶颗粒的粒径分布见表 2.3。

表 2.3　橡胶颗粒的粒径分布

筛孔/mm	4.75	2.36	1.18	0.6	0.3	0.15	0.075
对应目数/目	4	8	16	30	50	100	200

橡胶颗粒在沥青混合料中的物理和化学作用的良好发挥，关键取决于其在混合料中分散的均匀程度。一般来说，粒径越小，废旧轮胎橡胶颗粒越容易结团，不利于其在沥青混合料中的均匀分散。在使用中应综合考虑混合料的类型、使用效果要求和经济效益等，选择适当的粒径和级配。

3）密度

橡胶颗粒的密度与橡胶颗粒的成分及目数有关，对于铺面沥青混合料用废旧轮胎橡胶颗粒，需要其密度在一定的范围内，从而对其组成成分起到一定的控制作用。另外，还有利于橡胶颗粒在混合料中的良好分布，保证橡胶颗粒沥青混合料的均匀性。橡胶颗粒的体密度在一定程度上反映了颗粒的性状和表面特性。密度偏大的橡胶颗粒往往存在灰分含量超标的现象。结合我国当前主要废旧轮胎橡胶颗粒厂家的情况，废旧轮胎橡胶颗粒的视密度要求控制在 $1150kg/m^3$ 以内。

4）纤维含量

纤维是废旧轮胎橡胶颗粒生产时的副产品，其产量约占废旧轮胎质量的5%。橡胶颗粒生产过程中获得的纤维是短纤维，表面还会粘一些污物。为了保证废旧轮胎橡胶颗粒本身的质量，一般要求其中纤维的含量不超过 0.75%。

5）含水量

橡胶颗粒的水分含量直接影响其加工应用性能。废旧轮胎橡胶颗粒在加工和储运过程中，如果有水分进入，会导致橡胶颗粒结团，影响加工使用过程中的自由流动能力。因此，橡胶颗粒应储存在阴凉干燥的地方。

2. 橡胶颗粒的力学性质

力学性质是橡胶颗粒的基本性质，其中包括了弹性性能、拉伸强度、扯断伸长率和耐磨耗性能等多个方面。

对于橡胶颗粒沥青混合料而言，橡胶颗粒是以集料的形式存在的，而且由于橡胶颗粒的添加，改变了混合料的内部组成结构，使之由原来的"石-石"接触状态变为部分的"石-橡胶颗粒-石"接触状态，由于橡胶颗粒具有强度低、弹性变形能力强的特点，其强度和弹性性能等的变化必将会对混合料的压实特性、混合料结构的稳定性和强度等性能产生重大影响，因此，对于橡胶颗粒的弹性性能等力学性能进行研究是十分必要的。

橡胶颗粒的强度评价指标很多，硬度是其中一个重要的指标。硬度反映了橡胶颗粒在外力作用下具有的抵抗能力，而且橡胶颗粒的硬度与其他的力学性能（如抗撕裂性能和压缩变形等）也密切相关，因此，可以通过硬度来了解橡胶颗粒的力学性能。

橡胶颗粒的弹性性能通常用弹性模量来表征，也可以用硬度来反映，硬度可以用于表征橡胶颗粒在小变形条件下的弹性模量。通常，随着硬度的增加，橡胶颗粒的弹性模量增大。

根据橡胶颗粒在混合料中的作用，综合分析橡胶颗粒的力学评价指标，最终选定硬度和弹性模量两个指标来评价橡胶颗粒力学性能。

3. 橡胶颗粒的化学性质

废旧轮胎橡胶颗粒的主要化学成分有合成橡胶、天然橡胶、炭黑、软化剂、硫化促进剂等。这些成分的含量高低会影响橡胶颗粒沥青混合料的路用性能。

其中，天然橡胶的含量对橡胶颗粒的性质影响显著。一般来说，增加天然橡胶的含量，可以有效保证橡胶颗粒的弹性，并可以增加橡胶颗粒与沥青之间的黏结性能。

炭黑是补强填充体系中重要的补强填充剂，对橡胶颗粒的物理机械性能和加工工艺都有重要影响，能赋予橡胶颗粒较高的拉伸强度和抗撕裂强度。

4. 橡胶颗粒技术指标的测定方法

1）粒径及其分布的测定

橡胶颗粒的粒径范围很广，因此，对于工业实际应用的产品而言橡胶颗粒的粒径及其分布的测定主要采用筛分法和光学显微镜法进行。

筛分是根据橡胶颗粒的要求选择一定规格的标准筛对橡胶颗粒进行分级筛选，测定颗粒的粒径及其分布，一般是按人工操作进行筛分。

人工筛分的操作方法是使用感量为 0.01g 的天平称取不结团的试样，倒入配置有接受盘、盖板的分样筛中。筛分时，双手持筛水平周向摇动 1min 后单手敲击分样筛框 25 次（振幅 3~5mm），用刷子刷筛试样，使试样充分过筛。如果在 1min 内试样通过量低于 0.05g 时便停止操作，称量筛网上的筛余物，精确至 0.01g。将通过分样筛的橡胶颗粒移入下一档目数更大的分样筛中进行同样操作。各级分样筛上的筛余比例以质量分数表示，计算公式见式（2.1）。进而确定其粒径分布。

$$X_1 = \frac{m_1}{m} \times 100\%\qquad(2.1)$$

式中，m——试样的质量，g；

　　　m_1——网筛上的筛余质量，g。

另外，橡胶颗粒的粒径及其分布也可按 ASTM D5644-96 测定，采用的是罗太普筛分法，是一种机械振动筛分析方法。测定方法是称量约 100g 橡胶颗粒试样，将其倒入最顶部的筛中，振动固定时间后，称量每个筛中橡胶颗粒的质量。然后将每个筛中的橡胶颗粒质量依据筛网的目数作图即可得到粒径分布。

对于粒径在 80 目或 80 目以上的细橡胶颗粒，由于试样在筛中易聚集成小团，为了提高测试精度和测试效率，其粒径及其分布的测定可以采用超声波光学显微镜法。此方法是将细橡胶颗粒投入到非溶剂液体中，施以少量超声波能，然后将分散液滴在玻璃载片上，并进行干燥。最后利用光学显微镜和图像分析软件对颗粒粒径及其分布进行分析。

2）含水量的测定

测定原理是在一定温度下，经一定时间烘干后，根据烘干前后的质量变化来计算水分含量。一般测定步骤是将称量瓶置于（80±2）℃的恒温箱中烘干至恒量后，称取试样放入恒量的称量瓶内，置于上述温度的恒温箱中烘干 2h 取出，放入干燥器内冷却至室温（约 30min）后，在 1h 内称量，橡胶颗粒烘干前后的质量差计算加热减量，即水分含量（以质量百分数表示），其计算公式如式（2.2）所示。

$$X_1 = \frac{m_0 - m_1}{m} \times 100\%\qquad(2.2)$$

式中，m——试样的质量，g；

　　　m_0——烘干前的试样（包含称量瓶）质量，g；

　　　m_1——烘干后的试样（包含称量瓶）质量，g。

3）密度的测定

橡胶颗粒视密度的测定，可以参照《公路工程集料试验规程》（JTG E42—2005），使用容量瓶法进行。

体积密度的测定采用《硫化橡胶粉》（GB/T 19208—2003）的倾注密度试验方法。该方法是将足够的橡胶颗粒样品距已称量过的倾注密度杯边缘上方约 50mm 处倾入圆柱形容器中央，使其在倾注密度杯上方形成一个圆锥体。持直尺或刮刀成垂直状态，紧贴着倾注密度杯上边缘，把倾注密度杯上面橡胶颗粒刮平，表面呈水平状，称量装有橡胶颗粒试样的倾注密度杯，精确至 0.1g，计算橡胶颗粒的质量，密度按式（2.3）计算：

$$\rho = \frac{m_1 - m_0}{V}\qquad(2.3)$$

式中，ρ——密度，kg/m^3；

　　m_0——倾注密度杯的质量，kg；

　　m_1——倾注密度杯和橡胶颗粒试样的质量，kg；

　　V——倾注密度杯的容积，m^3。

在进行密度试验时，每个试样测量两次，试验结果取两次平行试验的算术平均值。

当粒径小于 1.18mm 时，可采用固体压片法，即将橡胶颗粒在小辊距开炼机上压过，测量压片的密度。

4）灰分的测定

灰分测量的原理是将已称量试样放入坩埚中，在调温电炉（或本生灯）上加热，然后放入马福炉内灼烧，直至含碳物质被全部烧尽，并达到质量恒定。

一般的试验步骤如下：将清洁而规格适当的空坩埚放在温度为（950±25)℃的马福炉内加热约 30min，然后放入干燥器中冷却至室温，取出称量，精确至0.1mg。称取 5g 橡胶颗粒试样，精确至0.1mg。将称好的试样放入坩埚。将装有试样的坩埚置于石棉板的孔内。在适当排风的通风橱内用本生灯或电炉慢慢加热至完全炭化。然后将盛有残余物的坩埚移入温度为（950±25)℃的马福炉中加热约 1h，直到碳被完全氧化为净灰为止。从马福炉中取出盛灰的坩埚放入干燥器中冷却至室温，称量并精确至 0.1mg。然后再将此盛灰坩埚放入温度为（950±25)℃的马福炉中，加热约 30min 后，取出放入干燥器中冷却至室温，再称量并精确至0.1mg。如果这两次称量之差大于灰分含量的 1%，则重复加热、冷却和称量操作步骤，直至连续两次称量之差小于灰分含量的 1% 为止。灰分含量按式（2.4）计算。

$$X_2 = \frac{m_2 - m_1}{m_0} \times 100\% \qquad (2.4)$$

式中，m_0——试样的质量，g；

　　m_1——空坩埚的质量，g；

　　m_2——坩埚与灰分质量之和，g。

5）橡胶烃含量和炭黑含量的测定

橡胶烃含量和炭黑含量的测定采用热重分析法，具体试验步骤可参照《硫化橡胶粉》(GB/T 19208—2003) 执行。

6）金属含量的测定

金属含量的测定方法是按照检验要求，使用感量为 0.01g 的托盘天平称取橡胶颗粒试样 50g，放置于无磁性的平坦表面上，将一小马蹄型磁铁放在试样上 60s，然后用粗毛刷清除马蹄型磁铁上的吸附物，至吸附于磁铁与毛刷上的磁性材料完全清除后，再将取下的金属碎屑放置感量为 0.001g 的天平进行称量，计算出金属的含量（％），以质量分数表示的铁含量 X 按式（2.5）计算。

$$X = \frac{m_1}{m_2} \times 100\%$$ (2.5)

式中，m_1——吸出金属的质量，g；

　　　m_2——试样质量，g。

当橡胶颗粒的粒径较小时（100 目以上），磁铁会将橡胶颗粒粒子一同吸起，此时可利用原子吸收方法测定。胎面橡胶颗粒的金属含量应为 0。

7）纤维含量的测定

称量一定量的松散试样，依照人工筛分法进行筛分试验后，拆卸试验筛，筛网和接受盘中纤维会形成纤维球，将聚集于各层的纤维球置于平面玻璃板上，晃动平板，使纤维球松散，去除缠裹于纤维球中的细胶粉，然后使用感量 0.001g 的天平称量纤维质量，并计算纤维含量（％）。

以质量分数表示的纤维含量 X 按式（2.6）计算：

$$X = \frac{m_1}{m_2} \times 100\%$$ (2.6)

式中，m_1——分离出纤维的质量，g；

　　　m_2——试样质量，g。

2.1.4　橡胶颗粒的技术性质对沥青混合料性能的影响

橡胶颗粒的技术性质涉及多个方面，相应的技术参数亦较多，对于橡胶颗粒沥青混合料而言，由于橡胶颗粒是以骨料的形式存在的，因此，其颗粒形状、表面性状和物理力学性能必然会对混合料性能产生重要影响。为此，宜从橡胶颗粒的形状特性、表面特性和物理力学性能角度出发，分析橡胶颗粒性质对混合料性能的影响。考察橡胶颗粒的技术性质对沥青混合料的压实特性、体积特性、耐久性能和回弹特性等的影响。

为了更客观地反映橡胶颗粒性质对混合料性能的影响，研究选择国内常见的典型的橡胶颗粒拌制混合料，并采用相同的矿料、沥青及混合料级配，橡胶颗粒掺量为 3％。试验用原材料的技术指标分别见表 2.4 和表 2.5，混合料级配如图 2.6 所示。

表 2.4　沥青的性能指标

25℃针入度 /0.1mm	软化点/℃	15℃延度/cm	黏度（135℃） /(Pa·s)	$(G^*/\sin\delta)$ /kPa	$(G^*/\sin\delta)^{1)}$/kPa (RTFOT)
117	44.1	＞100	0.30	1.659	2.402

注：1）经旋转薄膜烘箱老化后的测定结果。

表 2.5　矿料的技术指标

试验指标	试验结果	规范要求值
石料压碎值/%	20	≤28
与110♯沥青黏附性/级	4	≥4
细长扁平颗粒含量/%	12	≤15
吸水率/%	0.9	≤2.0

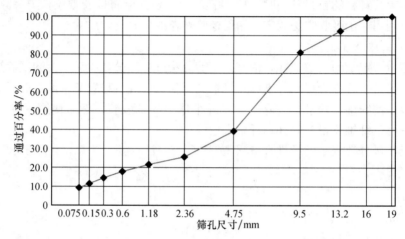

图 2.6　混合料级配曲线图

1. 橡胶颗粒的表面特性

破碎方式不同，橡胶颗粒生产过程中承受的作用力不同，生产出来的橡胶颗粒的表面状况差异较大。通常常温粉碎主要是剪切力的作用，生产的橡胶颗粒的形状不规则，表面有无数的凹凸，呈毛刺状；而低温粉碎主要是冲击力的作用，生产的橡胶颗粒形状规则，表面光滑。

为了分析橡胶颗粒表面特性对混合料性能的影响，分别对采用不同工艺生产的橡胶颗粒拌制的混合料进行了研究，试验用橡胶颗粒的技术参数和表面性状分别如表 2.6 所示和图 2.7 所示；试验结果如图 2.8 所示。

表 2.6　试验用橡胶颗粒的技术参数

种　类	密度/(kg/m³)	邵尔 A 型硬度	弹性模量/MPa
低温粉碎	1158	57	10.8
常温粉碎	1157	55	10.2

研究结果显示，与用低温粉碎法生产的橡胶颗粒拌制的混合料相比，采用常温粉碎法生产的橡胶颗粒拌制的混合料的回弹率和空隙率相对较大，飞散损失率相对较小；但两者的差别不大。这说明橡胶颗粒的表面性状对橡胶颗粒沥青混合料的性能是有一定影响的，但其影响并不显著。

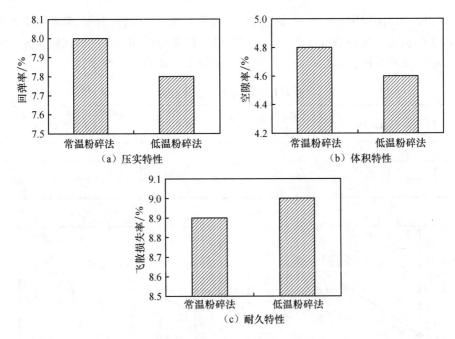

图 2.7　橡胶颗粒表面性状对混合料性能的影响

　　在沥青混合料中，橡胶颗粒主要与石料和沥青间发生物理和化学反应。研究表明，由于常温粉碎法生产的橡胶颗粒表面粗糙，多毛刺，比表面积相对较大，在高温和机械力作用下粒子之间极易产生摩擦而产生大量的热量，从而促进橡胶颗粒的降解，凸凹不平的表面和孔洞的存在也有利于橡胶颗粒吸收沥青中的轻组分而溶胀，使其与沥青及石料间的黏结性能增强，因此，其抗飞散性能相对较好；但由于常温法生产的橡胶颗粒形状不规则，使其与石料间的嵌锁作用相对较弱，形成的混合料结构不稳定，因此，成型后试件的稳定性相对较差，回弹较大，空隙率相对较大。另外，由于沥青混合料中橡胶颗粒的粒径相对较大，且所占比例较小，因此其表面特性的差异对混合料性能产生的影响并不显著。

　　综合分析结果显示，不同加工工艺生产的橡胶颗粒的表面特性不同；对于橡胶颗粒沥青混合料而言，橡胶颗粒表面特性的差异对混合料性能有一定影响，但其影响并不显著，在实际使用过程中可以结合橡胶颗粒的颗粒形状特性进行选择。

2. 橡胶颗粒的形状特性

　　如前所述，废旧轮胎橡胶颗粒的形状通常有立方状和细长扁平状两大类。为了分析橡胶颗粒的形状特性对混合料性能的影响，借鉴沥青混合料研究中对集料的形状特性的研究经验，以细长扁平颗粒含量为评价指标来描述橡胶颗粒的形状特性。

选择一种橡胶颗粒,通过改变其细长扁平颗粒含量来模拟橡胶颗粒形状的变化,并拌制混合料,进行了混合料压实特性、体积特性和耐久性的试验研究,橡胶颗粒的技术参数和混合料性能试验结果如表 2.7 和图 2.8 所示。

表 2.7　橡胶颗粒的技术参数

种类	密度/(kg/m³)	邵尔 A 型硬度	弹性模量/MPa	细长扁平颗粒含量/%
1	1.152	62	11.6	0
2	1.152	62	11.6	15
3	1.152	62	11.6	30

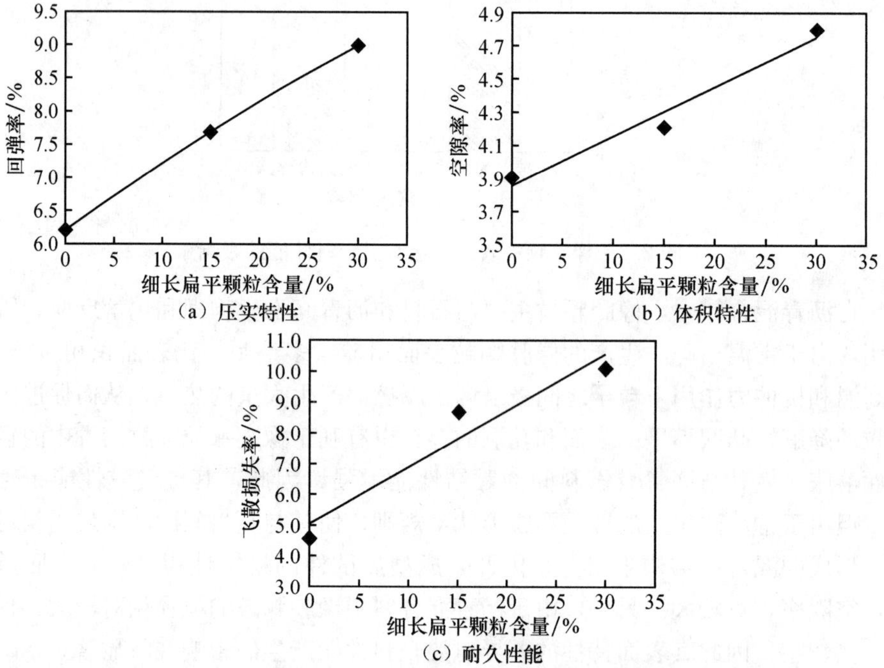

（a）压实特性　　　　　　　（b）体积特性

（c）耐久性能

图 2.8　颗粒形状对混合料性能影响试验结果

在对橡胶颗粒沥青混合料的压实特性等的研究中,分别采用试件的回弹率、空隙率和飞散损失率来评价。其中,回弹率为脱模后试件的高度与成型后试件的高度变化的百分率,其计算公式如式 2.7 所示。

$$回弹率 = \frac{h_2 - h_1}{h_1} \times 100\% \tag{2.7}$$

式中, h_1——成型后试件的高度, mm;

h_2——脱模后试件的高度, mm。

从试验结果可以看出，随橡胶颗粒细长扁平颗粒含量的增加，混合料的回弹率、空隙率和飞散损失率均呈现增大的趋势；当细长扁平颗粒含量超过 10%时，混合料的回弹率、空隙率和飞散损失率明显增大。

试验结果表明，橡胶颗粒的颗粒形状对混合料的性能影响较大，颗粒形状越接近立方状，混合料的压实效果越好，成型后试件的稳定性和抗飞散性能亦相对较好；而随细长扁平颗粒含量的增加，颗粒形状越接近针状和片状，混合料的空隙率会增大，混合料的稳定性和抗飞散性能也随之降低。

分析认为，橡胶颗粒的颗粒形状越接近立方状，棱角越多，橡胶颗粒在混合料中与石料的接触状况越好，经压实后，橡胶颗粒与石料之间能形成良好的齿合嵌锁，混合料的结构更稳定，内摩阻力更高，成型后形成的强度和稳定性也越高。细长扁平状橡胶颗粒加入沥青混合料后，受颗粒形状的影响，其与石料间的嵌锁作用较弱，压实过程中较难充分就位，使混合料的压实困难；即使在较大的外力作用下碾压成型，在外力去除后，由于橡胶颗粒的弹性回复，也极易造成混合料的骨架被撑开，从而造成混合料内部的损伤和缺陷。

因此，为了保证橡胶颗粒沥青混合料的性能，应尽可能选择颗粒形状接近立方状的橡胶颗粒，其细长扁平颗粒含量应控制在 10%以内。

3. 橡胶颗粒的力学特性

选取 4 种典型的橡胶颗粒进行试验研究，分析了橡胶颗粒的力学性能对混合料性能的影响。试验用橡胶颗粒的技术参数详见表 2.8，试验结果如图 2.9 和图 2.10 所示。

表 2.8　试验用橡胶颗粒的性能指标

种类	密度/(kg/m³)	邵尔 A 型硬度	弹性模量/MPa
A	1152	62	11.6
B	1160	49	8.9
C	1158	57	10.8
D	1157	53	9.6

从试验结果可以看出，随橡胶颗粒硬度的增加，混合料的回弹率、空隙率、飞散损失率和回弹变形均呈现减小的趋势。当橡胶颗粒的硬度小于 55 时，混合料的回弹率在 8.5%以上，其空隙率和飞散损失率也分别高达 4.7%和 9%以上，此时，橡胶颗粒沥青混合料的密实状况和稳定性能均明显变差。

随着橡胶颗粒弹性模量的增大，橡胶颗粒沥青混合料的回弹率和飞散损失率降低，空隙率减小，回弹变形也呈现减小的趋势。这说明随着橡胶颗粒弹性模量的增加，混合料的压实性能和耐久性能增强，但其弹性变形性能减弱。

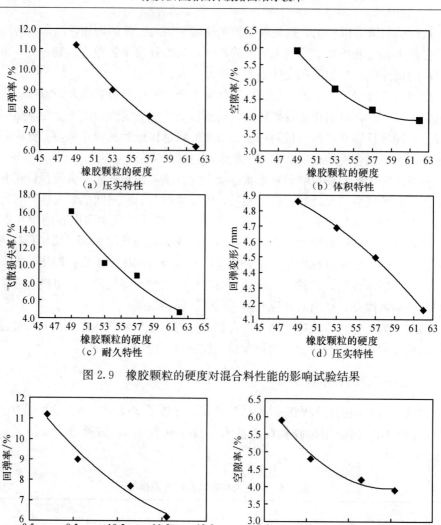

图 2.9　橡胶颗粒的硬度对混合料性能的影响试验结果

图 2.10　橡胶颗粒的弹性性能对混合料性能的影响试验结果

分析认为橡胶颗粒的弹性模量越大，其强度越高，弹性变形能力越小，在混合料中橡胶颗粒与石料及沥青形成的网络结构相对越稳定，强度也越大。成型后试件的回弹变形量越小，使得混合料的空隙率减小，抗飞散性能提高。但橡胶颗粒弹性变形性能的减小，也导致了混合料弹性性能的降低，使得回弹变形减小。

结果显示，橡胶颗粒的力学性能对混合料的性能影响较大；随橡胶颗粒硬度的增加和弹性模量的增大，橡胶颗粒沥青混合料的压实性能和耐久性能提高，但其弹性变形能力降低；当橡胶颗粒的硬度低于 55 时，混合料的性能明显劣化，因此，为了保证橡胶颗粒沥青混合料的使用性能，应选择硬度不小于 55 的橡胶颗粒。

2.1.5　橡胶颗粒沥青混合料用橡胶颗粒的技术指标要求

目前国内使用的轮胎质量参差不齐，并且轮胎种类繁多，为了控制废旧轮胎橡胶颗粒的质量，规范橡胶颗粒的使用，确保橡胶颗粒沥青混合料的技术性能，有必要对沥青混合料用废旧橡胶颗粒的基本性能、形状和力学性能等提出明确的技术要求，而我国在这方面还是空白。

根据铺面用橡胶颗粒沥青混合料的技术特点和性能要求，结合我国废旧橡胶颗粒的生产特点，综合各项研究成果，将橡胶颗粒沥青混合料用废旧轮胎橡胶颗粒的技术指标要求进行总结，见表 2.9。

表 2.9　废旧轮胎橡胶颗粒的技术指标要求

项　目	技术要求	项　目	技术要求
原材料	胎面胶	粒径及其分布/mm	实测结果
含水量/%	≤0.75	视密度/(kg/m³)	<1150
纤维含量/%	≤0.75	天然橡胶含量/%	15～30
橡胶烃含量/%	≥42	炭黑含量/%	≥28
灰分/%	≤7	铁含量/%	≤0
细长扁平颗粒含量/%	≤10	邵尔 A 型硬度	≥55
弹性模量/MPa	≥9.5		

2.2　沥青的选择

在橡胶颗粒沥青混合料中，废旧轮胎橡胶颗粒与沥青之间的相互作用十分复杂。从宏观上看，橡胶颗粒与沥青在热和机械力作用下的反应表现为橡胶颗粒体积膨胀、沥青黏度增加，使得橡胶颗粒的表面黏性增加，有利于橡胶颗粒与沥青间的黏结和混合料稳定结构的形成。

废旧轮胎橡胶颗粒是硫化橡胶，橡胶分子间产生大量交联，形成三维空间网状结构，这使其具有较好的强度、韧性、弹性及耐磨性能。橡胶颗粒加入混合料后，在高温和机械力的作用下，橡胶颗粒吸收沥青中的轻质油分而逐渐软化，网状结构逐渐被撑开，部分交联点及分子链发生断裂。在拌和过程中，热氧化亦能引起橡胶分子链断裂，上述过程称为溶胀。溶胀的结果一方面使橡胶颗粒部分恢复黏附性和可塑性，同时，橡胶颗粒中的交联剂硫、丙酮抽出物和油性填充剂、抗老化剂、锌化合物等外加剂和部分炭黑等活性成分通过界面交换进入沥青，加之沥青中的部分油分被吸收，沥青更趋黏稠，这使得沥青能在集料表面形成更厚的黏结薄膜，改善了表面黏附性能，从而有效改善沥青与矿料及橡胶颗粒间的界面黏结作用，有利于橡胶颗粒和沥青及石料固结为一体，进而改善沥青混合料的高温性能及抗老化等性能。

Francis 和 Laurant 应用核磁共振成像技术研究沥青与橡胶间相互作用的机理。研究结果表明，无沥青时加热橡胶几乎没有溶胀，橡胶的溶胀是由沥青中可溶质的渗透引起的。Rostler 基于橡胶的溶解性和沥青的组分提出了一个有关橡胶-沥青相互作用机理的解释。橡胶颗粒遇到热沥青后，橡胶颗粒会发生溶胀，而沥青的化学组成成分是影响橡胶颗粒溶胀速度和程度的主要因素。沥青中的芳香酚比沥青质更易被橡胶颗粒吸收。Travis 研究认为橡胶的溶胀速度和程度与沥青有关，小相对分子质量的组分容易扩散到橡胶颗粒中，并与之相互作用，当向橡胶分子中扩散时，沥青质和极性芳香酚受阻碍，饱和酚含量高的沥青对橡胶颗粒具有良好的溶胀性，从而可以更好地改善沥青混合料的性能。

美国学者 Barry 对在 163℃下反应 45min 的橡胶沥青进行抽提试验表明，91％的废旧轮胎胶粉能够回收，并且回收的废旧轮胎胶粉保持与加入时相似的级配。对抽提后的沥青进行测试，结果表明在废旧轮胎胶粉被脱离出来后，沥青的性能指标会发生可逆变化（与基质沥青相比还略有改善）。这说明废旧轮胎橡胶和沥青之间的反应以物理反应为主。同时，研究指出，废旧轮胎胶粉完全溶解在沥青中需 287℃以上反应 54h。

综合上述分析结果，为了更好地促进沥青与橡胶颗粒及石料间的黏结作用，尽可能减少因沥青组分变化而对混合料性能的影响，应选用饱和酚和芳香酚含量相对较高的道路沥青。沥青的其他相关技术指标应符合《公路沥青路面施工技术规范》(JTG F40—2004) 的要求。

2.3　矿料的选择

橡胶颗粒沥青混合料的粗集料可采用碎石和破碎砾石。细集料可采用机制砂、石屑和天然砂，但当用于重载交通道路时，应严格控制石屑和天然砂的用量。

填料应采用石灰岩或岩浆岩中强基性岩石等憎水性石料经磨细得到的矿粉，原石料中的泥土杂质应除净。

粗集料、细集料和矿粉的技术要求参照现行的沥青路面施工技术规范执行。

第3章 橡胶颗粒沥青混合料配合比设计方法

橡胶颗粒沥青混合料是一种复合材料，它是由沥青、集料（包括矿料和橡胶颗粒）和矿粉组成的。在组成材料品质一定的条件下，由于沥青、矿料、橡胶颗粒和矿粉这些材料数量的多寡，可形成不同的组成结构，并表现出不同的路用性能，由此可见，混合料级配组成是影响其技术性质的重要因素。而且，由于橡胶颗粒的基本性能与石料有较大差别，随着橡胶颗粒的掺入，改变了沥青混合料的内部组成结构和材料接触状态，传统的沥青混合料级配组成范围和设计方法已不再适用，需要根据橡胶颗粒沥青混合料的材料组成特点，进行新的探索。另外，由于橡胶颗粒的低强度和高回弹特性，使得橡胶颗粒沥青混合料的强度降低，变形增大，传统的混合料最佳沥青用量的确定方法并不适用。基于此，橡胶颗粒沥青混合料的材料组成配比范围、混合料级配设计方法、最佳沥青用量的确定方法等均需采用新的方法和技术。

3.1 概　　述

橡胶颗粒路面材料配合比设计的目的，是通过室内一系列试验确定所用材料的品种和各种材料的配合比例，使所设计的橡胶颗粒沥青混合料具有铺面材料使用所要求的性能。因此，橡胶颗粒路面材料配合比设计包括以下内容。

1）确定橡胶颗粒沥青混合料的类型

根据道路等级、气候条件等，按沥青路面设计规范的相关规定选择确定。

橡胶颗粒沥青混合料主要用于表面层铺筑，为防止雨水渗入路面下层而造成路面过早地出现水损害，应采用密实式沥青混合料结构形式。

2）选择材料

橡胶颗粒沥青混合料材料的选择，包括橡胶颗粒、沥青、碎石、石屑、砂、矿粉及添加剂等。除橡胶颗粒、沥青和添加剂外，砂石材料应尽可能就近购买。为此，在具体设计之前，应先对材料的来源进行调查，调查的内容包括材料的质量、产量、价格、运输条件等。对初步选定的材料要取样进行原材料试验，在确定符合要求后，可进行沥青混合料配合试探性试验，当试验证明材料合用并经过技术经济比较后，确定所选材料，否则应另外选择材料。

3）确定混合料集料级配

在确定混合料的类型后，可根据《公路沥青路面施工技术规范》(JTG F40—

2004）所推荐的级配表确定集料的级配范围。通常以规范级配范围的中值作为设计级配，但也可以根据需要将设计级配线向上或向下移动，以获得不同粗细的混合料。

采用体积法对集料的配合比例进行设计，使得几种集料（包括橡胶颗粒）合成的级配线应接近要求的设计级配线，这几种集料的配合比例可作为生产配合比参考。

4）确定橡胶颗粒沥青混合料的最佳沥青用量

确定混合料最佳沥青用量的目的是为了使所拌制的混合料具有良好的抗车辙、抗低温开裂、抗水损害、耐疲劳的物理力学性能，以及便于拌和生产和易于施工等性能。

对于传统的沥青混合料，最佳沥青用量的确定方法有经验公式估算法、粒径分配法、表面积法、空隙填充论法和按最大密度空隙论的方法等。

马歇尔试验方法即为最典型的一种按最大密度空隙论的方法，当混合料接近最大密度时，稳定度往往达到最大，但考虑到耐久性同时又需要有一定的空隙，就目前世界范围来说，以马歇尔试验方法应用最为广泛。

对于橡胶颗粒沥青混合料，由于组成材料的特殊性，传统的马歇尔方法具有一定的局限性，需要增加必要的补充指标，即采用修正的马歇尔方法确定橡胶颗粒沥青混合料的最佳沥青用量，后续章节将做详细介绍。

5）性能检验

对于初步设计的橡胶颗粒沥青混合料必须进行抗车辙、抗低温开裂、抗水损害性能和耐疲劳性能的检验。

3.2　橡胶颗粒的掺配方法

在橡胶颗粒沥青混合料的级配计算时，可以把橡胶颗粒看成单独的一部分进行计算，也可以看成是一种特殊的石料，作为石料的一部分进行计算。习惯上称为外掺法和内掺法。

为了分析橡胶颗粒掺配方法的影响，分别采用外掺法和内掺法进行了研究。研究所用原材料及级配均固定，橡胶颗粒掺量为3%。以混合料的拌和效果、空隙率和飞散损失率为评价指标，对橡胶颗粒的掺配方法进行了研究，结果见表3.1。

表 3.1　橡胶颗粒掺配方法的影响

掺配方法　　　评价指标	拌和效果	空隙率/%	飞散损失率/%
内掺法	均匀	3.4	5.0
外掺法	均匀	4.8	6.2

　　研究结果表明，橡胶颗粒的掺配方法对混合料的密实度和抗飞散性能影响较大，采用内掺法的橡胶颗粒沥青混合料的空隙率较小，力学性能较佳。因此，在橡胶颗粒掺配比例的计算中，推荐使用内掺法。

3.3　组成材料配比范围的确定方法

　　热拌沥青混合料的强度和抗变形能力主要受集料骨架结构的影响。而在其他条件一定的情况下，集料骨架结构的性质与粗集料的用量直接相关。因此，粗骨料用量范围的确定是关键。

　　对于橡胶颗粒沥青混合料而言，由于橡胶颗粒的密度小，质量轻，相同用量条件下，橡胶颗粒的体积约是矿料体积的两倍多，而且橡胶颗粒的强度低，弹性变形能力大，它的掺入在很大程度上改变了混合料的组成结构和力学性能，因此，需要对橡胶颗粒的用量加以确定。

　　另外，橡胶颗粒的掺加改变了混合料的内部组成结构，原来的"石-石"接触状态部分的变为"石-橡胶颗粒-石"接触状态，在荷载作用下，由于橡胶颗粒的回弹变形会使混合料结构的稳定性受到影响。而粗橡胶颗粒的含量又是影响混合料组成结构状态的关键因素。

　　因此，在橡胶颗粒沥青混合料级配设计中，需要首先确定粗矿料、橡胶颗粒和粗橡胶颗粒的配合比例，以形成稳定的混合料骨架结构。

　　在影响因素明确后，需要根据混合料的性能要求进行各组成材料配比范围的研究确定。在此研究过程中，需要同时考察多个因素的多个水平对结果的影响，并对结果进行优化。为减少实验次数并考察因素间的相互作用，需要用实验设计优化法。

3.3.1　实验设计与分析方法概述

　　实验是科学方法的一项重要组成部分。一般地，实验可以用来研究过程和系统的性能。实验往往包含多个因子。实验的目的就是要确定这些因子对系统的输出响应的影响。为了收集适合于用统计方法分析的数据，从而得出有效且客观的结论，需要对实验过程进行设计，即所谓的实验设计。

　　实验设计的基本原理是随机化（randomization）、重复和区组化。随机化是指实验材料的分配和实验中各次试验进行的顺序都是随机确定的。随机化是实验设计中使用统计方法的基石。统计方法要求观测值（或误差）是独立分布的随机变量。随机化通常能使这一假定有效。把实验进行适当的随机化亦有助于"平均掉"可能出现的外来因子的效应。

　　重复是指每个因子水平组合的独立重复。重复既反映试验间的变异又反映试验内（内在）的变异。它能够使实验者得到更精确的参数估计。

一般地，区组是一组相对类似的实验条件。区组化可以减少或消除讨厌因子带来的变异。讨厌因子是指可能影响实验响应而我们不直接感兴趣的因子。一般情况下，实验者在统计设计中将观测值按区组进行分组。

为了更好地利用实验数据进行分析研究，实验设计需要遵循的一般步骤包括：①问题的识别与表述；②响应变量的选择；③因子、水平和范围的选择；④实验设计的选择；⑤进行实验；⑥数据的统计分析；⑦结论和建议。

一个周密可靠的实验设计对于合理安排各种实验因素，正确估计样本含量大小，严格控制实验误差是非常重要的。为了用最小的人财物消耗，最大限度地获得丰富而可靠的资料，人们发展了一系列的方法。

实际中被广泛应用的实验策略是一次一因子（one-factor-at-a-time）方法。这种方法包括对每个因子选择初始点，或者水平的初始组合，然后在保持其他因子在初始水平不变的条件下，让每一个因子在其所允许的范围内进行连续变动。当所有的实验都做完后，就可以得到一系列的数据来显示响应变量如何受各个单因子变化（即保持其他因子不变）的影响。各个处理组样本含量可以相等，也可以不等，但相等时效率最高。

一次一因子的优点是简单易行，缺点在于只能分析一个因素，没有考虑因子间可能存在的交互作用，和其他实验策略相比效率不太高，条件优选凭经验。

处理多个因子的正确方法是析因实验（factorial experiment）。这种实验策略是所有因子一起变化，而不是一次变一个，从而高效率地利用实验数据。目前，国内外常采用正交设计方法或均匀设计方法进行优化，这两种方法在分析主效应与交互作用的同时大大减少了样本量。但是也存在明显的不足，均匀设计和正交设计是基于线性模型的设计，试验精度不够，建立的数学模型预测性较差，而且其目标函数单一，而在沥青混合料的研究中，我们往往希望用多个目标函数来评价所需结果。

近年来由国外学者提出的星点设计（central composite design，CCD）和效应面优化法（response surface methodology，RSM）刚好满足这方面的要求。该方法是数学方法和统计学方法结合的产物，用于对感兴趣的响应受多个变量影响的问题进行建模和分析，其最终目的是确定系统的最优运行条件或确定因子空间中满足运行规范的区域。此方法被广泛地应用于药学研究的剂型处方的筛选。星点设计和效应面优化法采用多个目标函数进行评价，把自变量和因变量的关系扩展到曲面。该方法使用方便，优选条件预测性好。

3.3.2　星点设计-效应面优化法

1）星点设计

星点设计是多因素五水平的试验设计，是在二水平析因设计的基础上加上极值点和中心点构成的。通常试验表是以代码的形式编排的，试验时再转化为实际操作值，一般水平取值为 0，± 1，$\pm\alpha$，其中 0 为中值，α 为极值，$\alpha = F^{1/4}$，F 为析因设计部分试验次数，$F = 2k$ 或 $F = 2k \times 1/2$，其中 k 为因素数。

CCD 设计表由以下三部分组成：①$2k$ 或 $2k \times 1/2$ 析因设计。②极值点。由于二水平的析因设计只能用作线性考察，需再加上第二部分极值点，才适合于非线性拟合。如果以坐标表示，极值点在坐标轴上的位置称为轴点（axial point）或星点（star point），用 $(\pm\alpha, 0, \cdots, 0)$，$(0, \pm\alpha, \cdots, 0)$，$\cdots$，$(0, 0, \cdots, \pm\alpha)$ 表示。③一定数量的中心点重复试验。中心点的个数与 CCD 设计的特性如试验所需的正交（orthogonal）或均一精密（uniform precision）性质有关。在均一精密的 CCD 设计中，效应 y 的原点方差与离原点单位距离时的方差相等，与正交设计相比，能更好地避免回归系数发生偏差，这是因为该设计中允许 3 次或更高次的模型拟合，使回归操作更可靠。

按以上方案编排的试验设计具有可"旋转"（rotatable）的性质。试验设计中，如果在 x 的某一取值点，预测效应 y 的方差只是该点到中心点的距离的函数，而与向量的方向无关，则称该设计具可旋转性。当该设计围绕中心点旋转时，效应 y 的方差将保持不变。

一个 CCD 设计，如果它有 k 个因素数，则它有 $2k$ 个极值点，其值 α 由试验设计的影响因素决定，即 $\alpha = (\text{试验次数})^{1/4}$，$\alpha$ 的具体取值实例见表 3.2。

另有一些适用于二或三因素的特殊可旋转设计，试验点分布于圆（$k=2$）或球面（$k=3$）上，各点距原点的距离相等，称为等距设计（equiradical design）。此时，若采用三因素星点设计，为使各试验点与中心点等距，选用 α 为 $1.732(3^{1/2})$，而非 $\alpha = (2^3)^{1/4} = 1.682$，两个值操作者均可选用。

当 $k=2$ 和 $k=3$ 时 CCD 设计的试验点分布如图 3.1 所示。二因素的等距设计采用正五边形或正六边形设计法，如图 3.2 所示，3 因素则使用球面法，因而有人称之为球面设计。

不同因素数 CCD 设计方案见表 3.3。

表 3.2　参数的取值

因素数	析因数	α 的取值
2	2^2	$2^{2/4} = 1.414$
3	2^3	$2^{3/4} = 1.682$
4	2^4	$2^{4/4} = 2.000$
5	2^{5-1}	$2^{4/4} = 2.000$
5	2^5	$2^{5/4} = 2.378$
6	2^{6-1}	$2^{5/4} = 2.378$
6	2^6	$2^{6/4} = 2.828$

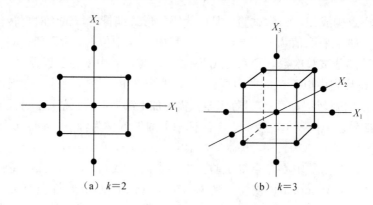

（a）$k=2$　　　　　　　（b）$k=3$

图 3.1　CCD 设计的试验点分布图

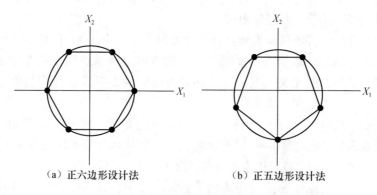

（a）正六边形设计法　　　　　　（b）正五边形设计法

图 3.2　二因素等距设计的试验点分布图

表 3.3　试验安排表

k	2	3	4	5	5(1/2)[a]	6	6(1/2)[a]	7(1/2)[a]	8(1/2)[a]
F	4	8	16	32	16	64	32	64	128
星点数	4	6	8	10	10	12	12	14	16
n_a^b（均—精密）	5	6	7	10	6	15	9	14	20
n_a（正交）	8	9	12	17	10	24	15	22	23
N^c（均—精密）	13	20	31	52	32	91	53	92	164
N（正交）	16	23	36	59	36	100	59	100	177
α	1.414	1.628	2.000	2.378	2.000	2.828	2.378	2.828	3.364

注：a 为 $2^k \times 1/2$ 析因设计；b 为中心点个数；c 为总试验次数。

在确定各因素水平的极大值（$+\alpha$）和极小值（$-\alpha$）以后，依据水平代码分别求出 $+1$，0，-1 所代表的物理量。± 1，0 水平的安排遵循任意两个物理量之间的差值与对应代码之间差值成等比的原则。若三个自变量的水平极值分别为：x_1：$1\% \sim 10\%$；x_2：$5\% \sim 10\%$；x_3：$5\% \sim 35\%$；如以 x_1 为例，代码 -1 所对

应的物理量 ξ 的求算如下：

$$\frac{\xi-1\%}{10\%-1\%} = \frac{-1-(-1.732)}{1.732-(-1.732)} \tag{3.1}$$

$$\xi = \frac{-1-(-1.732)}{1.732-(-1.732)} \times (10\%-1\%) + 1\% = 2.90\%$$

三个因素的取值见表 3.4，试验设计见表 3.5。

2）效应面优化法

（1）基本概念。

对效应面优化法介绍之前，将效应面优化法的几个术语解释如下。

自变量：称所考察的因素为自变量，用 x_1，x_2，$\cdots$，x_k 表示。自变量必须连续且可被试验者准确控制。

因变量：考察指标又称结果或效应（response），为因变量，用 y 表示。

效应面：效应与考察因素之间的关系可用函数 $y=f(x_1,x_2,\cdots,x_k)+\varepsilon$ 表示（ε 为偶然误差），该函数所代表的空间曲面称为效应面。

模拟效应面：在实际操作中，通常用一个近似函数 $y=f'(x_1,x_2,\cdots,x_k)+\varepsilon$ 估计函数 f，f' 所代表的空间曲面为模拟效应面，也是优化法实际操作的效应面。

效应面设计：适用于效应面优化法的试验设计称为效应面设计（response surface design）。

表 3.4　三个考察因素的代码水平及对应物理量

因素	−1.732	−1	0	1	1.732
$x_1/\%$	1.00	2.90	5.50	8.10	10.00
$x_2/\%$	5.00	6.06	7.50	8.94	10.00
$x_3/\%$	5.00	11.34	20.00	28.66	35.00

表 3.5　CCD 试验设计表

试验号	x_1	x_2	x_3
1	−1	−1	−1
2	1	−1	−1
3	−1	1	−1
4	1	1	−1
5	−1	−1	1
6	1	−1	1
7	−1	1	1
8	1	1	1
9	−1.732	0	0

试验号	x_1	x_2	x_3
10	1.732	0	0
11	0	−1.732	0
12	0	1.732	0
13	0	0	−1.732
14	0	0	1.732
15～20	0	0	0

（2）基本原理。

效应面优化法主要考察自变量对效应的作用并对其进行优化，从效应面上可以直观地找到自变量取不同值时的效应值，反过来在效应面上选取一定效应值亦可以找出相对应的自变量取值，即在效应面上选定较佳效应值范围后可对应求出较佳试验条件。

简单地说，效应面优化法就是通过描绘效应对考察因素的效应面，从效应面上选择较佳的效应区，从而回推出自变量取值范围即最佳试验条件的优化法。

（3）优化过程。

效应面优化法的优化过程包括：①选择可靠的试验设计以适应线性或非线性模型拟合。效应与因素之间的关系可能是线性的，也可能是非线性的，表现在效应面上，线性的为平面，非线性的为曲面。在整个考察范围内，在距离较佳区域较远的地方接近线性，愈接近较佳区，面的弯曲度就越大，即在较佳区，非线性关系居多。②建立效应与因素之间的数学关系式，并通过统计学检验确保模型的可信度。函数 f 不可能用数学模型表述，效应对因素的真实效应面只是假想的。但可以用某一数学模型 f' 近似地模拟函数 f，依据该模型可以描绘效应面，从而优选条件。数学模型 f' 与 f 的近似程度直接关系到效应面的近似程度与优选条件的准确度，数学模型 f' 的拟合优度用方差分析判别。③优选最佳工艺条件。根据模型可采用解方程求极值或限定效应范围求解因素水平区间的办法获得较佳工艺条件。但最为简单直观的方法为描绘效应面，从效应面上直接读取较佳工艺条件。

（4）多指标的处理。

当指标较多时，每个指标优选的条件可能相互矛盾，对某一效应有利的条件可能对其他效应不利。采用"归一化"法使所有指标综合为一个值，该值可使各效应之间达成妥协，反映总体效应结果。

"归一化"法，即将每个指标均标准化为 0～1 的"归一值"（desirability），各指标"归一值"求算几何平均数，计算见式（3.2），得总评"归一值"（overall desirability，OD），以 OD 为效应进行优化，可以得到综合效应较佳的制备工艺。

$$OD = (d_1 d_2 \cdots d_n)^{\frac{1}{n}} \tag{3.2}$$

式中，d_i——各因素的"归一值"；

　　　n——指标数。

对取值越小越好的因素和取值越大越好的因素采用 Hassan 方法分别进行数学转换求"归一值"d_{min} 和 d_{max}，计算公式为

$$d_{min} = \frac{y_{max} - y_i}{y_{max} - y_{min}} \tag{3.3}$$

$$d_{max} = \frac{y_i - y_{min}}{y_{max} - y_{min}} \tag{3.4}$$

式中，d_{min}——取值越小越好的因素的"归一值"；

　　　d_{max}——取值越大越好的因素的"归一值"；

　　　y_{max}——指标中的最大值；

　　　y_{min}——指标中的最小值；

　　　y_i——第 i 号试验的指标的数值。

对于数据分布较特殊的效应，采用 Harrington 方法求"归一值"。

根据因素的数值分布预先设定某一 d 值。先将 d 转化为无量纲的指标，y' 的计算如下：

$$y' = -\left[\ln(-\ln d)\right] \tag{3.5}$$

y' 与指标 y 之间的关系可用线性方程描述 $y' = b_0 + b_1 y$，通过设定的数值可分别求得 b_0 及 b_1。将试验数值代入所求线性方程得 y'，并用式（3.6）求算相应的 d。

$$d = e^{-(e^{-y})} \tag{3.6}$$

3）星点设计-效应面优化法的应用步骤

（1）确定考察因素的水平范围。

当试验者要考察因素对效应的作用时，并不知道从哪一水平开始合适，只有当试探性地在几个水平上进行试验后才能初步确定因素对效应影响的趋势。事实上，效应面优化法为一循序渐进的方法，试验者可从任一水平入手，这时可能离较优区较远，效应面的弯曲度不大，可用较简单的线性模型模拟，通过线性模型采用最速下降法（steepest descent）向较优区逼近。当进入较优区后，线性模型模拟已不再适合，表明该处效应面弯曲度增大，须用两次以上的非线性数学模型拟合，选取该处因素水平范围可获得较佳优化效果。一次模型拟合可用单纯形设计法，国内常用的正交设计和均匀设计亦可。

循序渐进法确定水平范围虽然较准确，然而操作烦琐，耗时长，目前多数研究者均采用在预试验的基础上凭经验直接确定水平范围的办法，一般所选范围为试验所允许的最大可能取值范围，效果良好，本书即采用此种方法。

（2）效应面设计。

效应面设计主要包括析因设计或有相互作用项的正交设计及星点设计等，其中常用的为星点设计。当因素水平较少时可采用析因设计；较多时即可采用星点设计。

（3）多元线性或非线性拟合。

进行试验优化，最后必须完成两方面的工作：一方面是正确描述结果或指标与影响因素的关系，即建立合适的数学模拟方程；另一方面即依据数学方程选取较佳工艺，即模型优化与预测。

曲线拟合的目的就是用数学模型来近似表述函数 f，虽然拟合函数 f 永远也不可能等同于真实函数，但只要逼近到一定可信程度，就可以用来进行下一步的优化操作。模型拟合的优劣可用方差分析进行判断。

建立准确的数学模型是解决问题的关键，除了要求试验者尽量准确地控制实验条件之外，还需选择合适的数学模型。效应与因素之间的关系一般为非线性的，与此对应的效应面一般有所弯曲。绝对的线性关系是不存在的。尤其是当考察多因素时，由于各因素之间相互影响，曲面的弯曲度更大，这时再使用线性模型就显得不合适了，须用二次以上的多元非线性方程式。

多元非线性拟合是一项非常复杂的工作，目前多用专业统计软件包来进行处理。国内在试验设计中处理数据时多采用线性模型，相关系数较低，数学模型预测性不好，如改用适合于非线性拟合的试验设计会提高优化效果。通过 SPSS 软件包进行多元回归和非线性估计，非线性回归选用二项式：

$$y = b_0 + b_1 x_1 + b_2 x_2 + b_3 x_3 + b_4 x_1^2 + b_5 x_2^2 + b_6 x_3^2 + b_7 x_1 x_2 + b_8 x_1 x_3 + b_9 x_2 x_3$$

多元线性回归以 F 检验判断模型优劣，对于多元非线性估计软件包对 9 个系数分别进行方差分析，通过 t 检验在 $P < 0.05$ 水平上拒绝某些系数，为了防止意外丢失某些项，可于 $P < 0.1$ 或更高水平上拒绝某些系数，删除这些项后，再进行非线性估计，达到模型简化的目的。

（4）模型优化与预测。

根据所建立的数学模型描绘三维效应面，从效应面的较优区域直接读取较佳工艺条件范围。对于每一个效应均可得到一个较佳试验条件范围，几个效应所选择的条件通过叠加，可以进一步缩小条件范围，当这些条件无重叠区时，则需要通过归一化，求总评"归一值"的办法进行综合评价。

由于三维图只能表示效应对其中两个因素的关系，通常的处理方式是将三个因素之一的因素固定为中值，以总评"归一值"为因变量，描绘相对于另两个自变量的效应面（response surface）三维图。

在得到较佳工艺条件之后，为了考察该条件的正确性，须对模型进行预测性考察，按优化条件进行试验，得效应观察值（observed value），与预测值（predicted value）进行比较，观察值与预测值的偏差表示试验值偏离预测值的程度，绝对值越小，预测性能愈好。

3.3.3　组成材料配比范围的确定

对于橡胶颗粒沥青混合料而言，其橡胶颗粒的掺量 X_1（％）、粗石料含量 X_2（％）及粗橡胶颗粒含量 X_3（％）三个因素是主要影响因素，宜采用星点设计-效应面优化法进行配比范围的优化确定。其中，粗橡胶颗粒含量指的是粒径＞2.36mm 的橡胶颗粒含量。根据预试验，一般每个因素设 5 个水平，每个因素的取值范围为 X_1：1％～7％；X_2：20％～80％；X_3：20％～80％，其具体取值见表 3.6。

表 3.6　三因素代码水平及取值

因　　素	−1.732	−1	0	1	1.732
橡胶颗粒掺量 X_1/％	1	2.3	4	5.7	7
粗集料颗粒含量 X_2/％	20	32.7	50.0	67.3	80
粗橡胶颗粒含量 X_3/％	20	32.7	50.0	67.3	80

明确了影响因素及相应的代码水平后，确定橡胶颗粒沥青混合料的考察指标。除了毛体积密度、空隙率、矿料间隙率、沥青饱和度指标外，把橡胶颗粒沥青混合料的回弹变形作为主要考察指标之一。在其他条件一定的情况下，在不同外力作用下橡胶颗粒沥青混合料的回弹变形有所不同，因此，首先测定橡胶颗粒掺量一定（本书以橡胶颗粒掺量为 4％为例）时，橡胶颗粒沥青混合料在 5kN、10kN、15kN 力作用下的回弹变形，研究结果如图 3.3 所示。从图中可以看出，不同作用力下混合料的回弹变形的变化趋势大致相同，最终选择变化趋势明显的 15kN 下混合料的回弹变形作为考察指标。

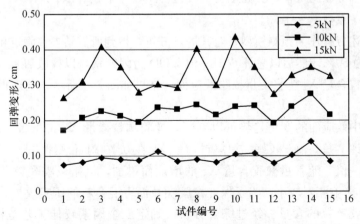

图 3.3　不同作用力下橡胶颗粒沥青混合料的回弹变形

将每个指标均标准化为 0～1 之间的"归一值"，各指标"归一值"求算几何平均数，得总评"归一值"，试验结果见表 3.7。

表 3.7 星点设计表及各项指标

试验号	X_1	X_2	X_3	ε_e(15kN)/mm	ρ_f/(g/cm³)	VV/%	VMA/%	VFA/%	OD 值
1	2.3	32.7	32.7	0.265	2.246	8.4	21.6	61.3	0
2	5.7	32.7	32.7	0.311	2.158	8.1	21.2	61.9	0.2345
3	2.3	67.3	32.7	0.407	2.375	4.0	16.3	75.7	0.6421
4	5.7	67.3	32.7	0.352	2.239	5.5	17.6	68.6	0.4910
5	2.3	32.7	67.3	0.280	2.239	8.6	21.8	60.5	0.2195
6	5.7	32.7	67.3	0.303	2.117	10.0	22.9	56.4	0
7	2.3	67.3	67.3	0.292	2.338	5.5	17.8	69.2	0.4467
8	5.7	67.3	67.3	0.401	2.203	6.9	19.2	63.9	0.4778
9	1	50	50	0.299	2.429	3.6	15.9	77.3	0.4153
10	7	50	50	0.436	2.252	3.2	15.5	79.3	0.5774
11	4	20	50	0.352	2.246	5.5	19.8	72.0	0.6051
12	4	80	50	0.275	2.271	5.5	19.0	70.9	0.2497
13	4	50	20	0.328	2.352	2.7	14.8	81.6	0.4588
14	4	50	80	0.351	2.313	4.3	16.4	73.5	0.7866
15～20	4	50	50	0.325	2.330	3.7	15.7	76.7	0.4706

注：试验 15～20 号为重复试验。

应用 SPSS 软件，总评"归一值"对各因素进行三元二次非线性回归分析，拟和得方程

$$OD = -1.01 + 17.19X_1 + 3.75X_2 + 0.43X_3 - 101.71X_{12} - 2.47X_{22}$$
$$+ 0.49X_{32} - 8.52X_1X_2 - 8.25X_1X_3 - 1.07X_2X_3$$

复相关系数 $r_2 = 0.73$。

以上述方程作为预测模型，对其进行分析，得到所需结果。固定粗橡胶颗粒含量 X_3 为 50%，然后以总评"归一值"OD 为因变量，以橡胶颗粒掺量 X_1 和粗集料颗粒含量 X_2 为自变量描绘效应面，结果如图 3.4 所示，同理得图 3.5 和图 3.6。

由图中效应面的变化趋势可以判断，橡胶颗粒掺量 X_1 在 0.02～0.06 的范围内对总评"归一值"较好；粗集料含量 X_2 在 0.70 附近总评"归一值"较好；总评"归一值"随着粗橡胶含量 X_3 的增加而增加，但粗橡胶颗粒含量对总评"归一值"影响相对较小。为了保证橡胶颗粒沥青混合料的压实效果，应该适当控制粗橡胶颗粒的含量。经过综合分析，确定三个因素较佳工艺范围分别为：X_1：2%～6%；X_2：60%～75%；X_3：30%～60%。

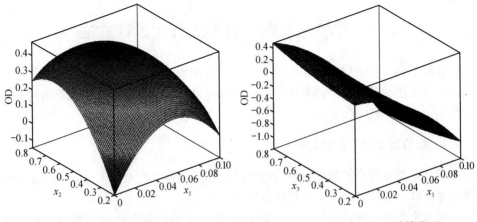

图 3.4　x_1 和 x_2 对 OD 的效应面　　　　　图 3.5　x_1 和 x_3 对 OD 的效应面

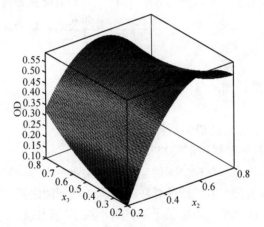

图 3.6　x_2 和 x_3 对 OD 的效应面

得到上述较佳工艺范围之后，为了考察试验结果的正确性，对模型进行预测性考察。首先在优化出的范围内取值，根据试验条件制备试件，进行试验，得实测值，与预测值进行比较，实测值与预测值的偏差表示实测值偏离预测值的程度，绝对值越小，预测性能越好，比较结果见表 3.8。

从表中可以看出，预测值与实测值的偏差较小，说明星点设计-效应面优化法应用于橡胶颗粒沥青混合料组成材料配比范围的优选得到了较好的结果，具有实际应用价值。

表 3.8　试验预测值和实测值的偏差

$X_1/\%$	$X_2/\%$	$X_3/\%$	实测值	预测值	偏差/%
4	75	60	0.3756	0.4372	14.1
3	60	60	0.4356	0.5217	16.5

注：偏差=(预测值-实测值)/预测值×100%。

3.4　橡胶颗粒路面材料配合比设计方法

在粗矿料、橡胶颗粒和粗橡胶颗粒配比范围确定以后,需要在此基础上进行混合料级配组成的设计。这其中又包含级配设计方法的选择和最佳沥青用量的确定等。

3.4.1　配合比设计方法的选择

目前,沥青混合料的配合比设计方法繁多,但各种配合比设计方法均是基于最大密度曲线理论和粒子干涉理论发展而来的。

最大密度曲线理论认为,固体颗粒按粒度大小有规则地组合排列,粗细搭配,可以得到密度最大、空隙最小的混合料。混合料的颗粒级配曲线越接近抛物线,其密度越大。该理论的典型计算公式为泰波公式,如公式(3.7)所示:

$$P = 100 \left(\frac{d}{D} \right)^n \qquad (3.7)$$

式中,P——通过欲计算的某级粒径,即筛孔尺寸为 d(mm)矿料的质量百分率,%;

　　　D——矿质混合料的最大粒径,mm;

　　　d——欲计算的某级矿质集料粒径,mm。

粒子干涉理论认为,颗粒之间的空隙应由次小一级颗粒填充,其所剩余空隙又由再次小颗粒所填充,但填隙的颗粒不得大于其间隙之距离,否则大小颗粒粒子之间势必发生干涉现象。为避免干涉,大小粒子之间应按一定数量分配。

研究表明,完全采用泰波公式设计出的混合料级配,细集料含量偏高,沥青用量较大,高温稳定性不好,易产生车辙变形;低温时收缩变形和脆性大,易产生低温收缩裂缝。

而大量的研究结果表明,沥青混合料稳定的组成结构的获得必须保证两个条件:①主骨架充分嵌挤,形成骨架结构,保证良好的内摩阻力;②沥青胶浆具有较大的黏结强度,且充分填充主骨架的空隙,使混合料密实。

对于橡胶颗粒沥青混合料而言,橡胶颗粒的密度小,质量轻,若按传统的混合料设计方法进行设计,必然造成粒子间的明显干涉,影响混合料稳定结构的形成。因此,需要寻求新的组成设计方法。

通过对常见的混合料设计方法的综合分析发现,体积设计法的设计思路刚好与我们所理想的橡胶颗粒沥青混合料级配设计思路相吻合,该方法是多级嵌挤密级配沥青混合料级配设计方法。

体积设计法的设计原理是级配要求细集料的体积数量等于粗集料形成的空隙

的体积，同样，细集料也按照此原理分成细集料中的粗集料与细集料中的细集料，并形成依次的填充状态。

体积设计法既强调主骨架的充分嵌挤，又充分利用细集料和沥青胶结料的填充、黏结作用，把嵌挤原则和填充原则有机地结合起来。根据这种方法，可针对不同功能需要调整设计空隙率。当设计成密实-骨架结构时，沥青混合料不仅在高温条件下具有良好的抗变形能力，而且由于粗集料含量高，收缩系数小，低温抗裂性能亦较好。另外，其空隙率较小，不透水，耐久性好，其抗滑性能也较好。

由此可见，体积设计法不但可以很好地平衡和改善沥青混合料的高低温性能及抗滑性和耐久性之间的矛盾，而且可以充分考虑橡胶颗粒密度小，同质量条件下体积较大，回弹变形大的特点，给其以足够的变形空间，保证混合料稳定结构的形成。基于此，橡胶颗粒沥青混合料的配合比设计宜采用体积设计法进行。

3.4.2　混合料级配组成设计

1）设计步骤

设计中首先根据前面采用星点设计-效应面优化法确定的粗集料的范围，采用均匀设计法初拟粗集料的配合比例，确定主骨架的级配组成，实测其空隙率，并以剩余空隙率为目标，确定粗集料的配合比例；然后，根据选定的粗集料配比条件下形成的主骨架空隙率、混合料设计空隙率及假定的沥青用量，确定细集料用量，使细集料体积、矿粉体积、沥青体积及沥青混合料空隙体积的总和等于主骨架的空隙体积；然后，按逐级填充的原则确定细集料的配合比例。

设计中橡胶颗粒根据粒径的大小分别按粗集料或细集料参与计算，体积设计法的流程如图 3.7 所示。

2）混合料级配组成设计

路面表面层一般均采用细粒式沥青混合料铺筑而成。相关研究资料表明，对于细粒式沥青混合料而言，在混合料中起到嵌挤作用的是大于 4.75mm 的粒料，形成骨架的集料的粒径随最大公称粒径而变化。因此，采用 13.2mm、9.5mm、4.75mm 三档集料来形成骨架。采用均匀设计法设计粗集料的级配，实测紧装密度，以剩余空隙率为目标确定粗集料级配，空隙率测定采用马歇尔击实法进行，结果见表 3.9。

有研究表明，粗集料的数量越多混合料的高温性能越好，因此，在选择粗集料级配时，理论上以粗集料的级配所形成的剩余空隙率最小为标准。但考虑到第 7 种组合的三种粒径的含量太接近，容易形成干涉，最终选择表 3.9 中第 10 种组合为粗集料的级配。

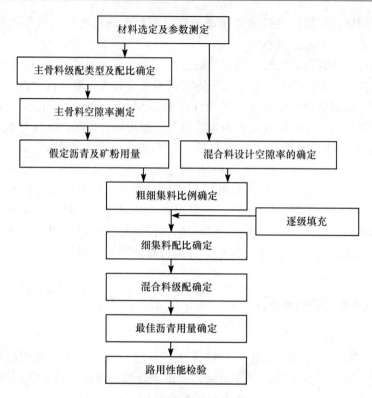

图 3.7　体积设计法的流程图

表 3.9　试验设计与结果

项　目	各档料的配比/%			剩余空隙率/%
	13.2mm	9.5mm	4.75mm	
1	78.7	8.7	12.6	33.01
2	63.1	28.5	8.4	34.52
3	52.3	6.5	41.2	31.98
4	43.6	28.2	28.2	32.98
5	36.0	55.2	8.7	32.06
6	29.3	16.1	54.6	31.24
7	23.1	45.4	31.4	30.43
8	17.4	78.8	3.8	32.52
9	12.1	28	59.9	32.89
10	7.1	63.4	29.6	30.98
11	2.3	4.4	93.3	34.05

　　通过以上的分析计算，可以得出集料和橡胶颗粒的级配范围，见表 3.11。其中，粒径为 0.6mm 的橡胶颗粒范围的确定，主要是考虑到出厂的 1.18mm 的

橡胶颗粒中会含有一定量小粒径橡胶颗粒。

根据确定的粗骨料级配，按照逐级填充的原则确定细集料的级配，每档粒料的数量以即将破坏骨架为限度，以此类推得到细集料的级配，见表 3.10。

表 3.10 细集料级配

粒径/mm	相应筛孔的质量百分率/%					
	2.36	1.18	0.6	0.3	0.15	0.075
细集料	100	80	60	25	10	0

表 3.11 矿料和橡胶颗粒的级配范围

筛孔孔径/mm	通过下列筛孔的质量百分率/%							
	16.0	13.2	9.5	4.75	1.18	0.6	0.3	0.15	0.075
集料	100	90～100	47～60	25～45	20～30	11～20	9～15	6～12	4～8
橡胶颗粒		100			30～60	5～15			

3.4.3 最佳沥青用量的确定方法

在沥青和集料质量一定的条件下，沥青与集料的比例（即沥青用量）是影响沥青混合料性能的重要因素。沥青作为胶结料，既是混合料体积密实的一部分，又以其与集料间的物理化学作用发挥着黏结、紧固、成型稳定等功能。它既决定了混合料的体积性质，又影响到混合料的使用功能和寿命。在沥青用量很少时，沥青不足以形成结构沥青的薄膜来黏结矿料颗粒。随着沥青用量的增加，结构沥青逐渐形成，沥青更加完满地包裹在矿料表面，使沥青与矿料间的黏结力随着沥青用量的增加而增加，黏结力会在某一沥青用量条件下达到最大。随后，若沥青用量继续增加，则会在矿料表面形成自由沥青膜，此时，增加的沥青不但起着黏结剂的作用，而且起着润滑剂的作用，降低混合料的黏聚力和内摩擦角，影响混合料的性能。因此，最佳沥青用量的确定是沥青混合料级配设计的重要内容之一。

沥青混合料的最佳沥青用量的确定方法主要有马歇尔方法和 Superpave 方法等。综合分析发现，Superpave 方法等虽然能够很好地模拟路面实际状况，并且评价指标与路用性能直接相关，但试验设备昂贵，试验复杂，试验工作量大，工程单位实际无法进行，不适用于工程推广应用。而马歇尔方法虽然属经验性方法，但其方法简单，易于掌握，设备价格低廉，而且长期以来，人们已经积累了丰富的实践经验和资料，可以凭借这一方法获得基本的数据和判断，所以仍不失为较好的试验方法。因此，仍采用马歇尔方法确定橡胶颗粒沥青混合料的最佳沥青用量。

研究分别采用两种级配：一种为间断级配，橡胶颗粒掺量为 4%，记为 JG-1；

另一种为连续级配，根据橡胶颗粒掺量的不同，分别记为 AC-1（橡胶颗粒掺量为 4%）和 AC-2（橡胶颗粒掺量为 0），级配如图 3.8 所示。采用马歇尔击实成型试件，并对试件的密度、空隙率和稳定度等指标进行测定，试验结果如图 3.9 所示。

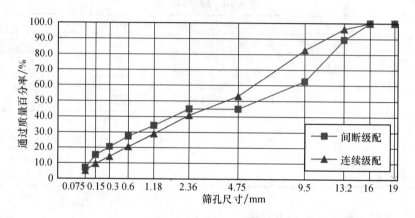

图 3.8　混合料级配曲线

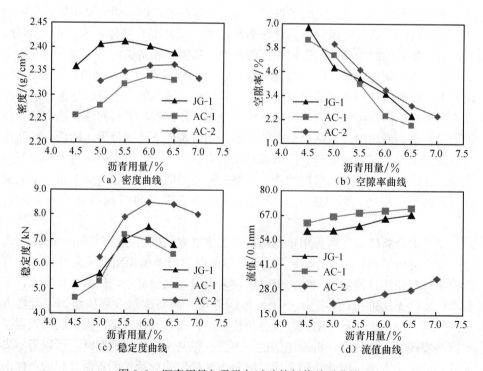

图 3.9　沥青用量与马歇尔试验特征值关系曲线

从试验结果可以看出，橡胶颗粒沥青混合料和普通沥青混合料的密度变化趋势相同，均随沥青用量的增加而增大，在某一沥青用量条件下达到最大值，然后，随沥青用量的继续增加而减小。在同种级配的条件下，由于橡胶颗粒的密度明显小于石料的密度，橡胶颗粒沥青混合料的密度较普通沥青混合料要小。

相同沥青含量下，橡胶颗粒沥青混合料的空隙率低于普通沥青混合料的空隙率，说明在合适的级配和拌和工艺、成型工艺条件下，橡胶颗粒沥青混合料的压实度并不比普通沥青混合料的压实度低，橡胶颗粒沥青混合料的压实度也是可以控制的。

从图 3.9（c）和（d）可以看出，上述三种混合料的稳定度和流值的变化趋势相同。但与普通沥青混合料相比，橡胶颗粒沥青混合料的稳定度偏低，流值偏大。这是由于橡胶颗粒是一种高弹材料，其强度和模量较石料的低很多，使得混合料的稳定度值降低，流值增大。但这并不能说明橡胶颗粒沥青混合料的高温稳定性差，这一点在混合料的抗车辙性能分析中得到了证明。

试验结果还表明，间断级配的橡胶颗粒沥青混合料的稳定度较连续级配的高，流值要小，这说明对于橡胶颗粒沥青混合料而言，间断级配比连续级配更适合，原因在于橡胶颗粒的密度较小，变形能力较强，在相同质量情况下其体积更大，且在外力作用下需要的变形空间更大，间断级配条件下，橡胶颗粒可以填充于粗集料形成的骨架空隙中，不会对原有的骨架结构产生较大的干涉作用，从而保证了混合料的强度特性。

综合分析试验结果发现，橡胶颗粒沥青混合料的空隙率及矿料间隙率、沥青饱和度等体积指标均能满足规范要求。从数值上看，稳定度和流值不能满足规范要求，其他掺加橡胶颗粒的试件在试验时也出现了类似情况。那么是否还可以通过这两个指标来确定最佳沥青用量呢？

通过试验观测发现，在马歇尔稳定度试验过程中，橡胶颗粒沥青混合料的变形较大，但这种变形在荷载去除后有相当部分得到了恢复。图 3.10 为橡胶颗粒沥青混合料在马歇尔试验前后的对比图。

（a）试验前　　　　　　　　　　　（b）试验中

（c）试验刚刚结束　　　　　　　　　（d）试验后24h

图3.10　橡胶颗粒沥青混合料在马歇尔试验前后的对比图

从图中可以看出，橡胶颗粒沥青混合料在马歇尔试验过程中发生了较大变形，但在荷载去除后，其变形即有明显的恢复。

分析认为，由于橡胶的弹性变形较大，在试验时，混合料流值的数值中包含相当部分的弹性变形，在荷载去除后变形得以恢复，即

对于橡胶颗粒沥青混合料试件：流值＝永久变形＋回弹变形

对于普通沥青混合料试件：流值＝永久变形

为了验证上述的分析结果，对马歇尔稳定度试验后的橡胶颗粒沥青混合料试件的受压方向的直径进行了测试。测试结果表明，荷载去除后，橡胶颗粒沥青混合料确有变形恢复现象发生，若假定其变形完全恢复后的被压方向的直径为 X，通过马歇尔试膜直径101.6与 X 的差值的考察可以发现，（101.6－X）这个值刚好在20～40（0.1mm），实际上这个值才是橡胶颗粒沥青混合料在荷载作用下的永久变形值。

对照马歇尔稳定度试验结果发现，橡胶颗粒沥青混合料的马歇尔稳定度低于国家规范的要求，但其实际的抗永久变形能力却达到了甚至好于规范的技术指标要求。由此可见，用传统的针对于普通沥青混合料的马歇尔稳定度来设计橡胶颗粒沥青混合料是不合理的，如果要继续使用该指标，则应根据材料的不同对控制指标范围进行相应的调整。

综上所述，对于橡胶颗粒沥青混合料这种新型的沥青混合料，由于其强度和变形均存在相对的滞后，传统的针对于普通沥青混合料的马歇尔稳定度和流值的范围并不适用。因此，在最佳沥青用量的确定中，稳定度和流值只能作为一个参考指标，进行相对的比较。

由于橡胶颗粒的掺入，改变了沥青混合料内部组成材料间的接触状态，由原有的"石-石"接触状态部分变为"石-橡胶颗粒-石"的接触状态，在橡胶颗粒的高弹特性的影响下，橡胶颗粒沥青混合料试件压实的难度增加，而且在荷载的反复作用下，更容易引起集料及橡胶颗粒的脱落等现象的发生，进而扩展成坑槽，

影响路面的功能和使用寿命。为了防止这种破坏的发生，在确定沥青用量时，辅以抗松散性能的评价指标的分析是必要的。

在查阅了大量资料的基础上，经过研究确定，在橡胶颗粒沥青混合料的最佳沥青用量的确定中，增加肯塔堡飞散试验的飞散损失率这个评价指标。

为了确定橡胶颗粒沥青混合料的最佳沥青用量，调整几个不同的沥青用量制作试件，进行飞散试验，得出飞散损失率与沥青用量的关系曲线。

从图 3.11 中可以看出，随沥青用量的增加，橡胶颗粒沥青混合料的飞散损失率逐渐减小，说明橡胶颗粒沥青混合料的耐久性能增强。

由于橡胶颗粒沥青混合料的水稳定性能是其路用性能的关键指标，而混合料的水稳定性通常以劈裂强度比来表征，所以，为了分析采用飞散损失率作为沥青用量确定评价指标的可行性，对橡胶颗粒沥青混合料的飞散损失率与劈裂强度比的关系进行了研究，研究结果如图 3.12 所示。

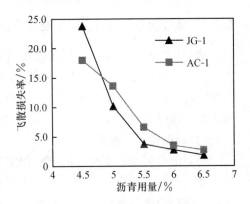

图 3.11　沥青用量对飞散损失率的影响

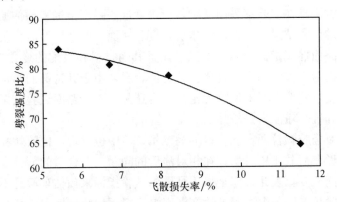

图 3.12　飞散损失率与劈裂强度比之间的关系曲线

研究结果表明，飞散损失率与劈裂强度比具有较好的相关性；随飞散损失率的增加，混合料的劈裂强度比呈现减小的趋势；当混合料的飞散损失率大于 8% 时，橡胶颗粒沥青混合料的劈裂强度比急剧减小。这说明随飞散损失率的增加，橡胶颗粒沥青混合料的抗水损害性能减弱，其耐久性能变差。因此，为了保证橡胶颗粒沥青混合料的使用耐久性，要求以其飞散损失率不超过 8% 为混合料最佳沥青用量的控制指标。

综上所述，确定橡胶颗粒沥青混合料最佳沥青用量的步骤如下：

（1）以一定的间隔变换沥青用量、成型试件、测定空隙率等体积指标和飞散损失率。

（2）绘制沥青用量与密度、空隙率、沥青饱和度等马歇尔稳定度试验的物理-力学指标关系图和沥青用量与飞散损失率关系曲线图。

（3）根据符合各项技术指标的沥青用量范围，综合确定最佳沥青用量。

3.4.4　橡胶颗粒沥青混合料配合比设计检验

橡胶颗粒沥青混合料的最佳沥青用量采用上述修正的马歇尔方法确定后，其性能到底是否符合要求，需要进行性能的检验。按照沥青路面设计规范的规定，铺面沥青混合料的高温稳定性、低温抗裂性和水稳定性必须满足一定的要求。此外，对于橡胶颗粒沥青混合料而言，还可以根据需要进行耐疲劳性能的试验检验。

1）高温稳定性检验

沥青混合料在行车荷载的重复作用下会由于永久变形的累积而导致路表面出现车辙。车辙是沥青路面的主要损坏现象之一。从我国沥青路面的破坏现象分析来看，在各类破坏现象中车辙问题尤其严重。在其他发达国家（如美国、法国、比利时、日本等国）高速公路路面翻修或罩面的原因中，车辙占到80％以上。由此可见，沥青混合料的高温稳定性验证是十分必要的。

传统的方法是在实验室采用马歇尔稳定度这一强度指标来预估沥青路面的车辙。但很多的研究结果表明，马歇尔稳定度和路面实际使用性能相关性不好，难以建立起和路面性能指标的相关关系，而且其随材料和级配的变化较大。例如，近几年在国内引人关注的沥青马蹄脂碎石混合料，由于其特殊的结构特性，它的马歇尔稳定度就偏低，而事实上无论是室内还是实际的路面试验结果都表明，其抗永久变形和抗车辙能力是较强的。

而且在对橡胶颗粒沥青混合料的马歇尔试验中也发现，橡胶颗粒沥青混合料的强度和变形在荷载作用时均存在相对滞后的问题，混合料的部分变形在荷载去除后能够逐渐恢复，因此，完全采用马歇尔试验指标来预估车辙是不合适的。

车辙试验是采用一个小型车轮在沥青混合料板块状试件上进行往复行走，从而使板块试件形成像沥青路面那样的辙槽，并通过测定车轮荷载作用次数与板块试件变形的关系，得出变形速率或动稳定度，作为沥青混合料抗永久变形性能指标。该试验方法比较直观，对沥青路面车辙形成过程的模拟性好，操作简单，容易为工程上所接受。

对于橡胶颗粒沥青混合料的高温稳定性的检验，按最佳沥青用量 OAC 和设计级配拌制混合料，并按《公路工程沥青及沥青混合料试验规程》（JTJ052—2000）的方法，在 60℃温度下进行车辙试验，测定其动稳定度。

在最佳沥青用量 OAC 与初始沥青用量 OAC_1 和 OAC_2 相差较大时，宜按 OAC 与 OAC_1 或 OAC_2 分别制作试件，进行车辙试验。

对沥青混合料的高温稳定性要求详见《公路沥青路面施工技术规范》（JTG F40—2004）。

2）低温抗裂性能检验

通常认为裂缝是沥青路面的主要缺陷之一，初期产生的裂缝对行车一般无明显的影响，但随着表面雨水或露水的侵入，在大量行车荷载反复作用下，导致路面强度明显降低，产生冲刷和唧泥现象，使裂缝加宽，裂缝两侧的沥青面层碎裂，开裂后的路面可能折断成更小尺寸的板并发生龟甲状疲劳开裂；裂缝逐年加宽，边缘碎裂，使路面平整度明显下降，车辆通过时将产生明显的振动，影响沥青路面的使用性能，并加速沥青路面的破坏。

现在我国一般采用低温小梁弯曲试验来研究沥青混合料的低温性能，通过规定温度和加载速率时混合料弯曲破坏的力学参数——破坏强度和破坏弯拉应变等的量测，来评价沥青混合料的低温抗裂性能。

对于橡胶颗粒沥青混合料的高温稳定性的检验，按最佳沥青用量 OAC 和设计级配拌制混合料，并按《公路工程沥青及沥青混合料试验规程》（JTJ052—2000）的方法，在温度 $-10℃$、加载速率 50mm/min 的条件下进行弯曲试验，测定破坏强度、破坏应变、破坏劲度模量，并根据应力-应变曲线的形状，综合评价沥青混合料的低温抗裂性能。其中沥青混合料的破坏应变宜不小于《公路沥青路面施工技术规范》（JTG F40—2004）的要求。

3）水稳定性能检验

水损害是沥青路面的主要病害之一。所谓水损害是沥青路面在水或冻融循环的作用下，由于车辆动态荷载的作用，进入路面空隙中的水不断产生动水压力或真空负压抽吸的反复循环作用，水分逐渐渗入到沥青与集料的界面上，使沥青黏附性降低并逐渐丧失黏结力，沥青从集料表面剥离，沥青混合料掉粒、松散，继而形成沥青路面的坑槽、推挤变形等的损坏现象。

除了荷载及水分供给条件等外在因素外，沥青混合料的抗水损害能力是决定路面水稳定性的根本因素。

目前，国内外各种水稳定性试验的评价方法很多，其中得到广泛应用的有浸水马歇尔试验、冻融劈裂试验和浸水车辙试验等。其中浸水马歇尔试验区分度较低；浸水车辙试验结果的离散性大；而冻融劈裂试验的饱水过程包括真空饱水、冻融和高温水浴三个过程，这种试验条件是将路面上受到的水的影响集中、强化，使在较短的时间内能够模拟路面较长时间的影响，可以直观地反映沥青路面的实际工作环境。而且，虽然马歇尔稳定度的绝对值不适合用来评价混合料的性能，但残留稳定度作为相对意义的无量纲值，在评价混合料的水稳定性上还是有意义的。除此之外，由于劈裂强度结果相对于马歇尔稳定度变异性小，冻融劈裂试验的方法简便、数据稳定，因此，橡胶颗粒沥青混合料抗水损害性能的评价采用《公路沥青路面施工技术规范》(JTG F40—2004) 规定的冻融劈裂试验方法和浸水马歇尔试验方法，具体指标要求亦按照规范要求执行。

4) 抗疲劳性能

沥青混合料的抗疲劳性能是指其在特定荷载环境与气候环境条件下抵抗重复加载作用而不产生开裂的能力。疲劳损坏是沥青路面最主要的破坏形式之一，路面使用期间经受车轮荷载的反复作用，长期处于应力应变交迭变化状态，致使路面结构强度逐渐下降。当荷载重复作用超过一定次数以后，在荷载作用下路面内产生的应力就会超过强度下降后的结构抗力，使路面出现裂纹，产生疲劳断裂破坏。

沥青混合料室内疲劳试验的方法很多，普遍采用的试验方法主要是间接拉伸法（即劈裂疲劳试验）、梯形悬臂梁弯曲法和四点弯曲疲劳试验方法。其中四点弯曲法以重复弯拉作为疲劳试验的主要加载方式，更接近实际路面在交通荷载作用下的真实受力状态；除了劲度模量、疲劳寿命等常规试验结果外，试验还能够提供滞后角和耗散能的数据；能较好地避免由于重复加载引起的试件局部变形对试验结果产生的误差；能进行控制应力模式和控制应变模式的疲劳试验。

橡胶颗粒沥青混合料是一种黏弹性材料，在输入交替循环荷载时，加载过程的应力-应变曲线与卸载过程的应力-应变曲线形成首尾相接的环线，称为滞后环线。该环线围成的面积代表了材料内部在外力作用下的能量损耗，这一损耗主要用于克服分子之间的内摩擦，损耗的能量转变为热能并引起材料塑性变形，发生疲劳破坏，在整个的疲劳试验过程中各个循环的能量损耗累积即为累积耗散能。通常，累计耗散能越大，混合料的疲劳寿命越长，其抗疲劳性能越好。

试验用沥青混合料以 (135±1)℃进行 4h 的短期老化，然后成型，试件尺寸为 385mm×65mm×50mm，试验温度为 15℃。试验采用应变控制模式，波形为偏正弦波，应变水平为 300 微应变，频率为 10Hz。

将第 100 个加载循环时的劲度模量作为试件的初始劲度模量，试验过程自动完成加载控制和数据记录，当所测得的劲度模量降至初始劲度模量的 50% 时，试验自动停止，分析累计耗散能和疲劳寿命，检验橡胶颗粒沥青混合料的耐疲劳性能。

3.4.5　橡胶颗粒沥青混合料生产配合比设计

前述混合料设计为目标配合比设计。在进行橡胶颗粒沥青混合料生产时，虽然所用的材料，包括橡胶颗粒、沥青、砂石材料等都是同一料源来的材料，但是实际情况与试验室还是有所差别的。同时，在生产时，砂石材料经过干燥筒加热，然后再经筛分，分成几档不同粒径的集料，这几档集料与原来的冷料的分档就可能不完全相同。生产配合比设计的任务就是将这几档材料经过重新配合设计，使其所组成的级配与目标配合比设计一致，或基本接近，然后在此基础上按照前面所述的方法确定沥青用量。此沥青用量应与目标配合比设计的沥青用量接近，但也可能略有差别。在生产配合比与目标配合比出入不大的情况下，可以认为目标配合比设计时所进行的性能检验结果反映生产配合比设计混合料的性能。尽管如此，按生产配合比进行生产后，还需要根据所铺试验路段实际观测，取芯样进行相关试验，并结合生产实践的经验，确认是否符合要求。如合格，则认为整个设计完成；否则，还需要进行调整。

第4章 橡胶颗粒沥青混合料的成型工艺

混合料拌和的质量和成型后的密实状态及内部组成结构的稳定性是混合料性能的重要影响因素，这些都需要科学合理的成型工艺加以实现。由于橡胶颗粒密度较小，在拌和过程中易于形成团块，很难均匀分散于混合料中，影响混合料的均匀性及沥青对集料的充分裹覆；而且橡胶颗粒的弹性变形能力较强，在混合料的成型过程中较难充分就位，影响混合料内部嵌挤结构的形成；混合料成型后，橡胶颗粒的回弹亦会造成混合料骨架结构部分被撑开，致使混合料的密实度降低，空隙率增大。因此，橡胶颗粒沥青混合料的成型工艺与普通沥青混合料有所不同。

基于此，本章主要针对橡胶颗粒沥青混合料的拌和工艺、成型工艺及室外碾压工艺问题进行介绍。内容涉及原材料的投放顺序、原材料加热温度、拌和时间及拌和温度；成型方法的选择、成型温度、压路机械组合等内容。根据橡胶颗粒沥青混合料的组成特点，提出了振动与马歇尔击实组合成型方法和二次成型工艺。

4.1 橡胶颗粒沥青混合料的拌和工艺

由于橡胶颗粒具有很高的自黏性和互黏性，密度较小，致使其在拌和过程中较容易结团，不容易分散均匀。而且橡胶颗粒与沥青间的反应程度是影响混合料黏结强度的关键。因此，拌和工艺最佳组合的原则是橡胶颗粒在混合料中均匀分布，并与沥青充分作用，能够具有良好的黏结强度。

由于橡胶颗粒自身特性与石料存在较大差异，导致掺加了橡胶颗粒的沥青混合料的拌和工艺与传统沥青混合料的拌和工艺明显不同，其最佳的拌和工艺参数组合受诸多因素的影响，其中包括原材料的投放顺序、原材料加热温度、拌和时间及拌和温度等。

4.1.1 原材料的投放工艺

由于橡胶颗粒密度较小，质量轻，而且本身具有较强的自黏性和互黏性，加入拌和锅后较容易结团，难以均匀分散于混合料中，影响沥青与集料间的均匀裹覆。而橡胶颗粒分散的均匀性和良好的拌和效果的获得，在很大程度上取决于材料的投放顺序。

在原材料的加热温度、拌和温度和成型工艺均相同的条件下，对于不同的材料投放顺序条件下的混合料的拌和质量和试件的稳定情况进行试验，分析原材料投放顺序对橡胶颗粒沥青混合料的均匀性、沥青的裹覆情况、成型的难易程度及成型后试件的稳定性能等的影响。原材料投放工艺见表 4.1。图 4.1 为试验结果。

表 4.1　材料投放工艺

组　　合	投放工艺
1	石料→沥青→橡胶颗粒和矿粉
2	石料→橡胶颗粒→沥青→矿粉
3	石料和橡胶颗粒→沥青→矿粉

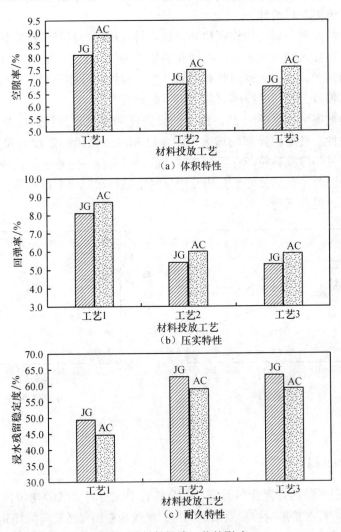

图 4.1　材料投放工艺的影响

试验结果显示，按照常规的普通沥青混合料的材料投放工艺（即工艺 1）拌制的橡胶颗粒沥青混合料，橡胶颗粒结团明显，不能很好地均匀分散，沥青的裹覆较差，花料现象严重，成型后的试件空隙率大，回弹严重，浸水马歇尔试验的残留稳定度明显偏低；采用工艺 2 和工艺 3 拌制的混合料均匀性较好，混合料成型效果好，成型后试件的空隙率相对较小，试件回弹率小，浸水残留稳定度相对较高。

结果表明，首先将橡胶颗粒和石料进行干拌，然后喷入沥青进行拌和效果最好。原因在于橡胶颗粒和热石料的干拌过程中，通过石料的揉挤作用，能够使橡胶颗粒充分分离，保证了橡胶颗粒在混合料中的均匀分散；同时在与热石料的拌和过程中，橡胶颗粒表面部分炭化，增加了其与沥青的黏结强度，从而有效改善橡胶颗粒沥青混合料的性能。

综合分析发现，对于橡胶颗粒沥青混合料，将热的石料与橡胶颗粒先期进行拌和，然后再加入沥青和矿粉进行拌和的效果最佳；工艺 2 和工艺 3 的拌制效果均较好，而两者只是拌和时间略有差异，考虑到拌和效率问题，最终选定工艺 3 为最佳材料投放工艺，后续的研究均采用此种工艺。

由试验数据可知（图 4.2），试件的稳定度和浸水残留稳定度与回弹率具有较好的相关性，且随回弹率的增大，稳定度和浸水残留稳定度均呈现减小的趋势，由此可见，橡胶颗粒沥青混合料试件的回弹率在一定程度上反映了其强度和稳定性能。因此，在后续的工艺研究中仅对空隙率和回弹率指标进行分析，以简化研究程序，提高试验效率。

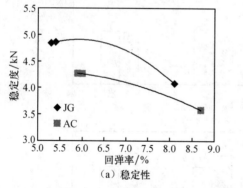
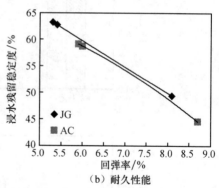

（a）稳定性　　　　　　　　　　（b）耐久性能

图 4.2　回弹率与稳定度关系曲线

4.1.2　拌和时间

对于橡胶颗粒沥青混合料而言，混合料各组成材料分散的均匀性及橡胶颗粒与沥青的反应程度是影响拌和效果的关键。橡胶颗粒沥青混合料的拌和效果与拌和时间密切相关。拌和时间过短，橡胶颗粒与沥青、石料的混合不均匀，且橡胶颗粒与沥青的反应不充分；拌和时间过长，橡胶颗粒过度炭化，沥青老化，影响混合料的性能。Backlay 和 Green 研究认为，粒径大小影响橡胶颗粒与沥青的反应速度，反应所需时间以橡胶颗粒粒径的平方倍数增加，较大粒子的反应时间比较小粒子所需的时间长。

通常，橡胶颗粒与沥青间的反应程度可以通过其吸油率的大小来考察。对不同条件下橡胶颗粒吸油率的试验研究结果如图 4.3 所示。

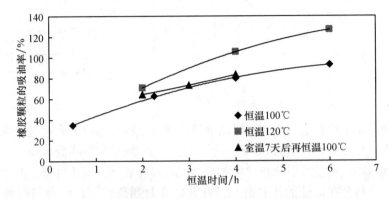

图 4.3　不同条件下橡胶颗粒吸油率的试验曲线

从试验结果可以看出，在一定的温度条件下，橡胶颗粒的吸油量随反应时间的延长而增大；在反应时间一定的条件下，温度越高，橡胶颗粒的吸油量越大；在常温条件下，橡胶颗粒与沥青间的反应缓慢。

试验结果说明，橡胶颗粒与沥青之间的反应与温度和反应时间密切相关，为了使橡胶颗粒与沥青间充分反应，可以适当延长反应时间或提高反应温度。

对于橡胶颗粒与石料的干拌时间，研究中分别对经 15～45s 干拌后的混合料的均匀情况进行了观测。观测结果显示，橡胶颗粒与石料的干拌时间短于 20s 时，橡胶颗粒在石料中的分布不均匀，结团严重；干拌时间 20s 以上时，随拌和时间的增长，混合料的均匀性增加；干拌时间超过 40s 后，混合料的均匀程度没有明显差别。根据试验结果，最终选定橡胶颗粒与石料的干拌时间为 25～35s。

为了研究加入沥青后的拌和时间对橡胶颗粒沥青混合料拌和质量的影响，对不同拌和时间条件下混合料的均匀性和成型后试件的体积参数等进行了试验研究，试验结果如图 4.4 所示。

试验结果显示，随拌和时间的延长，混合料的拌和更加均匀，混合料的空隙率减小，试件的回弹率降低；当拌和时间延长到 90～100s 时，混合料的空隙率减小到最低值，试件的回弹率也最小；当拌和时间继续延长时，混合料的空隙率呈现增大的趋势，回弹率也急剧增加。

分析认为，在一定时间范围内，随拌和时间的延长，混合料各组成成分的分布更趋均匀，且橡胶颗粒与沥青间的反应愈加充分，橡胶颗粒与沥青的黏附性能均明显增大，混合料的成型更加容易，成型后混合料的稳定性能明显增强，并在

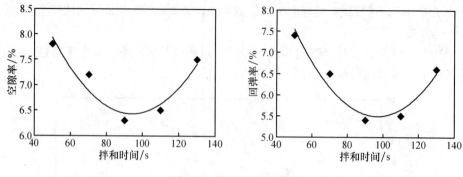

图 4.4　拌和时间的影响

某一时刻达到最佳状态；当拌和时间继续增加时，橡胶颗粒的表面过分炭化，沥青也出现老化的趋势，此时，橡胶颗粒和沥青的黏附性有所降低，使得混合料的成型更加困难，成型后混合料的空隙率增大，回弹显著。由此可见，对于橡胶颗粒沥青混合料存在最佳的拌和时间。在此拌和时间条件下，混合料的拌和最均匀，成型后混合料的性能也最佳。综合分析上述研究成果，确定加入沥青和矿粉后的拌和时间为 90s。

4.1.3　原材料加热温度

如前所述，在混合料的拌和过程中，橡胶颗粒与沥青间的反应随温度的升高而增强。另外，随温度的提高，橡胶颗粒表面的炭化作用加强，使得橡胶颗粒与沥青及石料间的黏结性能明显改善。而原材料的加热温度是获得良好的混合料拌和效果的基础。采用不同加热温度的沥青和石料进行了混合料拌制、成型和性能测试，试验结果如图 4.5 和图 4.6 所示。

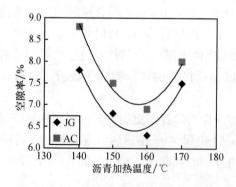
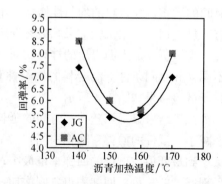

图 4.5　沥青加热温度的影响

由图 4.5 可以发现，随沥青加热温度的升高，橡胶颗粒沥青混合料的空隙率减小，成型后试件的回弹率降低；当沥青的加热温度达到 160℃左右时，橡胶颗

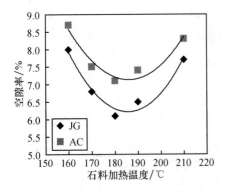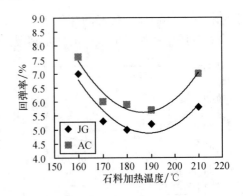

图 4.6　石料加热温度的影响

粒沥青混合料的空隙率最小，回弹率最低；当温度继续升高时，混合料的空隙率反而增加，成型后试件的回弹率变大。

在一定的温度范围内，随沥青加热温度的升高，橡胶颗粒与沥青间的反应更加充分，橡胶颗粒的溶胀作用增强，沥青与橡胶颗粒及石料间的黏结性能明显提高，混合料成型过程中石料和橡胶颗粒就位充分，密实度增大；该效果在某一温度附近达到最佳；当温度过高时，随温度的升高，沥青老化变硬，黏结性能下降，影响混合料的成型和密实状态。

试验结果表明，随石料加热温度的升高，混合料的空隙率减小，回弹率降低；石料加热温度达到 180℃ 左右时，混合料的拌和及成型效果达到最佳；当温度继续升高时，混合料的空隙率和回弹率增大，混合料的性能有所劣化。

随石料加热温度的提高，橡胶颗粒与石料干拌过程中表面的炭化程度加深，其黏性增强，混合料的空隙率降低，回弹率减弱；当石料的加热温度过高时，橡胶颗粒的炭化过于严重，黏性反而减弱，使混合料成型困难，成型后混合料的密实度降低，空隙率变大，回弹明显。

综合认为，对于橡胶颗粒沥青混合料而言，沥青及石料的加热温度应较普通沥青混合料有所提高；沥青加热温度一般应提高 10~20℃，具体加热温度可根据沥青品种而定；石料的加热温度可以控制在 180~190℃。

4.1.4　拌和温度

拌和温度是影响橡胶颗粒沥青混合料拌和效果的关键因素之一。温度太低，拌和能耗增加，而且橡胶颗粒与沥青间的反应不充分；温度太高，会使沥青老化，橡胶颗粒表面过度炭化，影响沥青与橡胶颗粒及石料间的黏结，进而影响混合料的压实性能和耐久性。

因此，在不影响沥青性能的情况下，拌和的温度应适当提高，以保证沥青与橡胶颗粒间的充分作用，使橡胶颗粒表面充分炭化，最大限度的增强其与沥青的黏结性能，从而保证良好的拌和效果。不同拌和温度条件下成型的橡胶颗粒沥青混合料的压实性能和成型后的稳定情况的试验研究结果如图 4.7 所示。

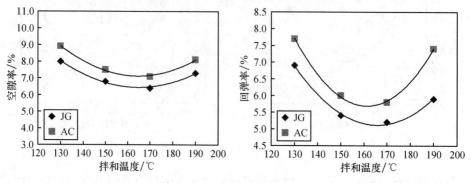

图 4.7　拌和温度的影响

试验结果显示，随拌和温度的升高，橡胶颗粒沥青混合料的空隙率先减小后增大，拌和温度为 160℃ 左右的条件下，空隙率达到最小值；混合料的回弹率亦随温度的升高而呈现先减小后增大的趋势。

随着拌和温度的升高，橡胶颗粒与沥青间的反应程度加深，橡胶颗粒表面的炭化增强，橡胶颗粒与沥青及石料间的黏结性能增强，混合料成型容易，成型后结构稳定，密实度增大；在某一温度处效果最佳；随着温度的继续升高，橡胶网络变得更硬，且沥青老化变硬，使得沥青与橡胶颗粒及石料间的黏结减弱，混合料的性能变差。

为了考察不同温度条件下橡胶颗粒与沥青的反应程度及橡胶颗粒表面状况的变化情况，指导橡胶颗粒沥青混合料拌和工艺参数的确定，对在不同温度条件下拌和的沥青混合料中的橡胶颗粒的表面状况进行了扫描电子显微镜分析，试验结果如图 4.8 所示。

观测结果显示，与沥青相互作用后，橡胶颗粒表面纹理发生较大的变化，颗粒表面更粗糙，但撕裂棱边缘的毛刺状突起减少，且颗粒表面有炭化现象；不同温度条件下，橡胶颗粒表面的炭化程度不同；在反应时间一定的条件下，橡胶颗粒表面的炭化程度随温度的升高而增加。

有沥青存在时，在高温和机械力的作用下，橡胶颗粒会与沥青发生反应，表面炭化，从而导致其表面形貌的改变；随着温度的升高，橡胶颗粒与沥青的反应加剧，表面的炭化程度也增加。

试验结果表明，拌和温度对橡胶颗粒与沥青间的反应程度和表面炭化程度影响显著，在一定的温度范围内，适当提高拌和温度，可以有效增强橡胶颗粒表面的黏性，使其与沥青及石料间的黏结作用增强，从而有效提高混合料的压实性能和稳定性。

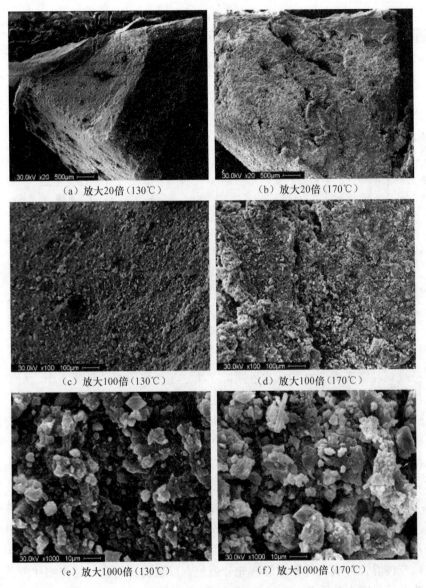

（a）放大20倍（130℃）　　　　　　（b）放大20倍（170℃）

（c）放大100倍（130℃）　　　　　　（d）放大100倍（170℃）

（e）放大1000倍（130℃）　　　　　　（f）放大1000倍（170℃）

图 4.8　与沥青相互作用后的橡胶颗粒的扫描电子显微镜照片

　　上述研究结果表明，将橡胶颗粒与石料首先进行干拌，橡胶颗粒的分散更均匀，成型后橡胶颗粒沥青混合料的压实性能和稳定性较好；随原材料加热温度、拌和温度的提高及拌和时间的延长，混合料拌和的均匀程度增加，沥青裹覆更为均匀，沥青与橡胶颗粒间的黏结性能增强，成型后试件的稳定性增强；但温度过高或拌和时间过长时，橡胶颗粒沥青混合料的拌和质量和成型后的稳定性降低。

　　综合上述研究结果，将橡胶颗粒沥青混合料的拌和工艺总结于表 4.2。

表 4.2　橡胶颗粒沥青混合料的拌和工艺

原材料加热温度/℃		拌和温度/℃	投料顺序及拌和时间/s
沥青	石料		
较普通沥青混合料拌制时的加热温度提高 10～20℃	180～190	较普通沥青混合料拌制时的温度提高 10～20℃	石料　橡胶颗粒 → 干拌25~35s → 沥青 → 拌和90s → 矿粉 → 拌和90s → 橡胶颗粒沥青混合料
备注			沥青的加热温度及拌和温度可根据沥青的品种而定

4.2　成型工艺

橡胶颗粒沥青混合料的技术性质除了决定于组成材料的性质、组成材料配合的比例外,混合料的成型工艺也是重要的影响因素。

通常情况下,沥青混合料在较高的温度条件下成型。对于橡胶颗粒沥青混合料,由于高温时橡胶颗粒的弹性变形能力仍然很强,而此时的沥青呈液体状态,黏度很低,不足以束缚橡胶颗粒的弹性变形,这使得橡胶颗粒沥青混合料的密实度严重降低,进而使混合料的性能受到较大的影响。

图 4.9 是橡胶颗粒沥青混合料回弹试验结果示意图,其中 h_0 代表试件初始高度,h_1 代表加载后的试件高度,h_2 代表卸载后试件的最终高度。试验的最终结果是 $h_1 < h_2 < h_0$,这说明橡胶颗粒沥青混合料具有较强的弹性恢复能力。为了使橡胶颗粒在混合料成型过程中能够充分就位,保证混合料良好的密实状况,成型工艺的研究显得十分重要。

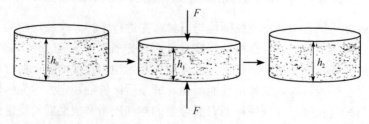

图 4.9　回弹试验结果示意图

4.2.1　成型方法

1. 沥青混合料成型方法概述

目前,沥青混合料的成型主要有马歇尔击实成型、振动成型、轮碾成型和旋转压实成型这几种方法。

(1) 马歇尔击实成型。马歇尔击实成型是通过给混合料表面一个较大的冲击力,在混合料内部产生一个压力波,这个压力波在混合料内自上而下传递,实现对混合料的压实。

(2) 振动成型。振动压实是通过向混合料表面快速传递一系列连续冲击产生的连续压力波,使得混合料内部的微粒运动起来,减少或几乎消除了微粒间的内摩擦力,让微粒更紧密的重新排列。通过调节偏心块的质量、振幅及频率可以获得不同的击振力,这样就可以满足不同的压实要求。因而,沥青混合料采用振动压实成型能达到更高的密实度和更好的压实深度。振动产生的连续压力波能使沥青混合料内各微粒重新排列,因而对沥青混合料能起到有效的压实作用。根据加载方式的不同,振动成型设备分为上置式和下置式两种,其中较为常用的是上置式振动成型设备,它能够较好地模拟路面实际成型条件。

(3) 旋转压实成型。旋转压实是 Superpave 提倡的一种试验方法,它使混合料受到搓揉作用。搓揉作用使得混合料中的粒料重新排列,结果是混合料变得更加密实。旋转压实更接近现场的压实过程,其工程性质更接近于现场钻芯试件,还可以实时测量试件高度与旋转次数,画出压实曲线,从而能评价混合料的压实特性。但是由于试模壁较厚,试验过程时间较长,无法对混合料的温度进行实时监控。

2. 橡胶颗粒沥青混合料的成型方法

为了寻求橡胶颗粒沥青混合料的最佳成型方法,分别采用马歇尔击实、振动成型和旋转压实成型方法,对橡胶颗粒沥青混合料的成型效果进行了研究,并将其与普通沥青混合料进行了对比,试验结果如图 4.10 所示。

从试验结果看,对于普通沥青混合料无论采用何种成型方法,其空隙率均保持在 4% 左右,满足设计的要求;成型后的试件也几乎没有回弹现象的发生;而且采用旋转压实和振动成型方法的成型效果相对较好。而对于橡胶颗粒沥青混合料无论采用何种成型方法,混合料的空隙率均在 7% 以上,远远大于设计空隙率 4% 的要求;成型后试件均有明显的回弹现象的发生,回弹率较高;马歇尔击实和振动压实的成型效果较接近,而采用旋转压实方法成型的试件的空隙率和回弹率最大,效果相对最差。

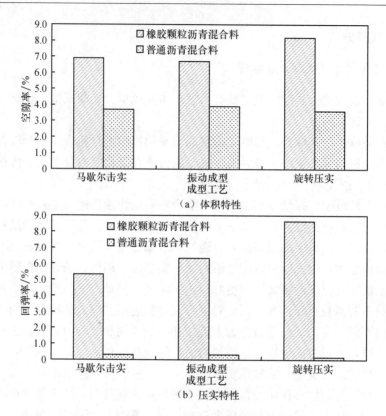

图 4.10　成型工艺的影响

　　试验结果表明，对于橡胶颗粒沥青混合料而言，采用一次成型工艺的压实效果较差，混合料成型困难，空隙率偏高，成型后的试件回弹变形较大，不能达到理想的密实状态，因此，需要寻求新的成型工艺。

　　由于橡胶颗粒在较大的温度范围内具有较强的弹性变形能力，在成型过程中，由于温度相对较高，沥青的黏性相对较小，不足以束缚橡胶颗粒的弹性变形，橡胶颗粒难以充分就位，混合料不能形成良好的密实状态，致使一次成型后混合料的空隙率偏高，回弹现象严重。为了获得良好的压实效果，宜采用二次成型方法。所谓二次成型是指在一次成型后，当混合料的温度降至某一温度条件下，对混合料进行第二次成型。研究中混合料的温度降至 80℃时，对其进行二次成型，试验结果如图 4.11 和图 4.12 所示。

　　从试验结果可以看出，对普通沥青混合料，经二次成型后，空隙率和回弹率变大，说明普通沥青混合料不适合采用二次成型方法，一次成型即可。而橡胶颗粒沥青混合料经二次成型后，其空隙率和回弹量均有不同程度的减小，其压实效果均明显好于一次成型；但无论采用何种成型方法，经二次成型后的混合料的空隙率和回弹率仍旧偏高，不能满足设计要求。

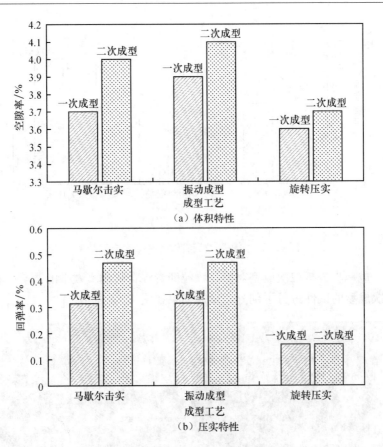

（a）体积特性

（b）压实特性

图 4.11　普通沥青混合料二次成型结果

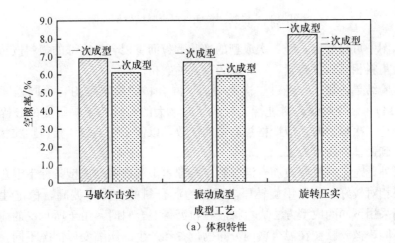

（a）体积特性

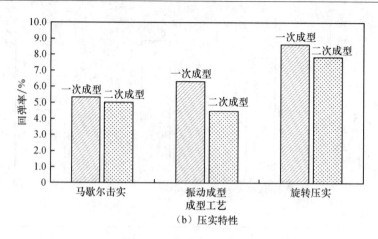

（b）压实特性

图 4.12　橡胶颗粒沥青混合料二次成型结果

　　为了进一步分析二次成型对橡胶颗粒沥青混合料压实效果的影响，将一次成型和二次成型的试件进行了剖分，试验结果如图 4.13 所示。

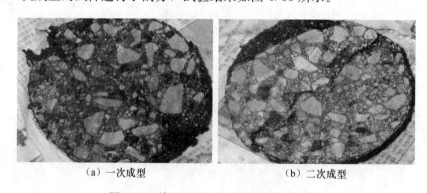

（a）一次成型　　　　　　　　　　　（b）二次成型

图 4.13　橡胶颗粒沥青混合料试件剖面图

　　从图中可以看出，经二次成型的橡胶颗粒沥青混合料内部的集料嵌挤较为紧密，粗集料相互靠近挤紧，形成较为良好的嵌挤。

　　试验结果还显示，经过二次成型后，混合料的稳定度均有不同程度的降低（图 4.14）。因为对混合料进行二次成型时，大的石料有不同程度的破碎，这说明在进行二次成型时，应严格控制击实次数，以便于在不破坏集料颗粒状况的情况下达到最佳的压实效果。

　　另外，对于橡胶颗粒沥青混合料，马歇尔击实或振动成型条件下混合料的压实效果相对较好，而采用旋转压实成型的混合料的空隙率偏高，稳定性相对较差。当采用不同的成型方法成型橡胶颗粒沥青混合料时，由于所承受的荷载作用方式不同，橡胶颗粒在混合料内分布的位置和产生的压缩变形情况不同。由于橡胶颗粒的密度较小，质量相对较轻，在马歇尔击实或振动成型过程中，橡胶颗粒

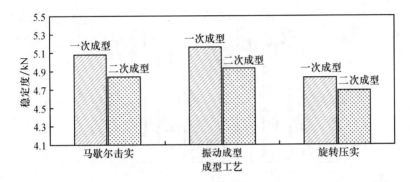

图 4.14　二次成型对稳定度的影响

的位置上移，混合料内部多保持为石-石紧密嵌挤状态，混合料的空隙率和回弹率相对较小。当采用旋转压实成型方法时，成型过程中，橡胶颗粒承受搓揉作用，被紧密压缩，嵌挤在石料之间，而脱模后，在外荷载去除的情况下，橡胶颗粒会产生强烈回弹，造成混合料的骨架结构部分被撑开，使得混合料的空隙率明显偏高，稳定性变差。由此可以看出，橡胶颗粒沥青混合料不适于采用旋转压实成型方法。

　　综合分析上述研究成果，对于橡胶颗粒沥青混合料，为了有效地束缚橡胶颗粒的弹性，增加混合料的密实程度，应采用二次成型工艺；采用马歇尔击实、振动成型或旋转压实等任何一种单一的成型方法，即使对混合料进行二次成型，混合料的回弹率和空隙率仍较大，不能达到理想的密实状态，因此，需要针对橡胶颗粒沥青混合料的特点，寻求适宜的组合成型工艺。

　　为了寻求最佳的成型方法，对马歇尔击实和振动成型方法进行了工艺组合研究，具体的工艺组合见表 4.3，二次成型温度为 80℃，试验结果如图 4.15 所示。

表 4.3　成型工艺组合

编　号	振动时间/min	一次击实次数/次	二次击实次数/次
1-1	2.0	15	60
1-2	2.0	25	50
1-3	2.0	50	25
2-1	1.0	15	60
2-2	1.0	25	50
2-3	1.0	50	25
3-1	0.5	15	60
3-2	0.5	25	50
3-3	0.5	50	25

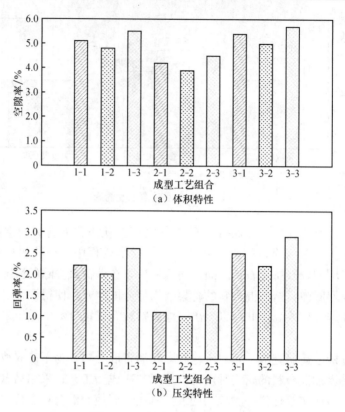

图 4.15　成型工艺组合的影响

通过对数据的分析发现，采用振动与马歇尔击实组合成型方法，橡胶颗粒沥青混合料的空隙率明显减小，回弹率亦明显降低，混合料的压实效果明显好于任何一种单一成型方法；随振动时间的增加，橡胶颗粒沥青混合料的空隙率和回弹率均呈现下降的趋势；振动时间超过 1min 以后，增加振动时间，混合料的空隙率和回弹率会明显变大；在相同的振动时间条件下，随二次击实次数的增加，混合料的空隙率和回弹率呈现先减小后增大的趋势，在二次击实次数为 50 次时，混合料的空隙率和回弹率最小，混合料的成型效果达到最佳。

研究结果表明，振动与马歇尔击实组合方法对橡胶颗粒沥青混合料的成型效果最佳。原因在于振动压实用快速、连续的反复冲击被压实材料的工作方式，压力波从材料的表面向深处传播，使材料处于振动状态，减少了材料颗粒间的内摩阻力，使混合料的内部结构发生变化，颗粒更容易移到密实、稳定状态。而且，由于颗粒之间的相对位置在振动压实时发生了变化，出现相互填充现象，粗骨料嵌挤形成骨架结构，而粗骨料之间形成的间隙由较小的颗粒所填充，被压实材料的压实度随之提高。另外，由于橡胶颗粒的密度较小，质量轻，在振动过程中，橡胶颗粒位置上浮，在靠近试件上部的位置分布，也进一步促进了混合料内部集料的嵌挤，利于混合料密实骨架结构的形成，增加混合料的密实度和成型后的稳定性。

综合上述研究成果，橡胶颗粒沥青混合料宜采用振动与马歇尔击实组合成型方法，振动时间应控制在 1min，二次击实次数为 50 次，总的击实次数为 75 次。其他的后续试验均采用此种成型工艺。

4.2.2　成型温度

由于橡胶颗粒具有高弹特性，在成型过程中就位困难，成型后会产生较大的回弹，影响混合料的密实状态。在不同温度条件下，沥青对橡胶颗粒的束缚作用差别较大，形成的混合料的密实状态亦明显不同。高温时橡胶颗粒弹性变形能力很强，而此时沥青的黏度很低，不足以束缚橡胶颗粒的弹性变形；成型温度过低，沥青的黏性过大，集料的重新排列和靠近挤紧的阻力显著增大，混合料压实困难。因此，橡胶颗粒沥青混合料的成型温度与普通沥青混合料不同。

根据前期试验结果拟定了不同的成型温度组合，具体情况详见表 4.4。不同温度条件下成型混合料的空隙率和强度情况的试验结果如图 4.16 和图 4.17 所示。

表 4.4　橡胶颗粒沥青混合料成型温度

成型进程	成型温度/℃			
第一次成型	130	140	150	160
第二次成型	60	70	80	90

图 4.16　不同成型温度和工艺条件下橡胶颗粒沥青混合料试件对比图

图 4.16 为不同成型温度和工艺条件下橡胶颗粒沥青混合料试件对比图，其中最左边两个试件是旋转压实成型试件，其他为振动与马歇尔击实组合工艺条件下经一次成型或二次成型的试件。通过观测可以发现，旋转压实成型的试件较松

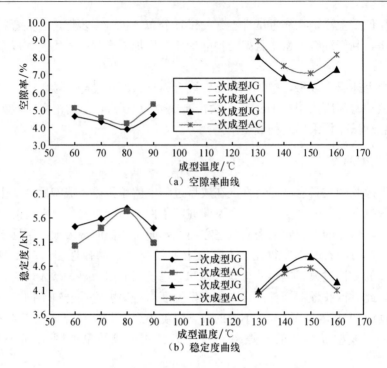

图 4.17　成型温度的影响

散，脱模后试件的回弹很明显；采用振动与马歇尔击实组合成型工艺的试件的回弹较旋转压实成型的试件小；采用二次成型工艺的试件的回弹变形相对最小。观测结果还显示，一次成型温度过低，混合料的压实效果不好，脱模后试件的回弹明显。这说明对于橡胶颗粒沥青混合料而言，为了获得良好的成型效果，应控制一次成型温度不能过低。

从试验结果可以看出，无论是第一次成型还是第二次成型，橡胶颗粒沥青混合料的空隙率均随成型温度的升高而呈现先减小后增大的趋势，在某一温度条件下达到最小值；稳定度随温度的升高呈现先增大后减小的趋势，并且也有峰值的存在；第一次成型温度在 150℃ 左右，二次成型温度在 80℃ 左右时，混合料的成型效果较好；而且经二次成型后，混合料的空隙率减小，稳定度增大，这进一步证明了橡胶颗粒沥青混合料进行二次成型的必要性。

随成型温度的提高，橡胶颗粒与沥青间的反应更加充分，表面黏性增加，与沥青及石料的接触更加紧密，混合料的密实度增大，空隙率减小，稳定度增大；当温度过高时，橡胶颗粒表面过度炭化，沥青老化加重，黏结性变差，混合料成型难度增加，混合料的密实状态和稳定性降低。另外，由于橡胶颗粒的回弹特性，高温时沥青的黏度较低，因而无法束缚橡胶颗粒的弹性变形；而成型温度过低时，沥青的黏度过大，集料在荷载作用下的重新分布和重新就位的阻力增大，混合料难于压实，空隙率偏高，稳定性变差。因此，对橡胶颗粒沥青混合料而言，存在最佳成型温度问题。

综合上述研究成果认为，橡胶颗粒沥青混合料的最佳成型方法为振动与马歇尔击实组合成型方法；针对橡胶颗粒沥青混合料的组成特点，提出二次成型工艺，具体工艺为：先振动 1min，然后双面各击实 25 次，当试件温度降至 70～85℃时，进行二次击实，双面各 50 次。

第 5 章　橡胶颗粒路面除冰雪性能及适用条件

由于具有高弹特性的橡胶颗粒的掺入，使得橡胶颗粒沥青路面结构的整体变形能力显著增加；同时，在荷载作用下，分布于路面表面的橡胶颗粒的周围极易产生应力集中，使路面表面的积冰或积雪受力不均匀，产生较大的变形，进而产生破碎剥离；另外，橡胶颗粒的存在改变了冰层或积雪与路面表面的黏结状态，使得橡胶颗粒周围的积冰或积雪厚度不均匀，在车辆荷载作用下极易破碎，从而使得橡胶颗粒沥青路面具有良好的除冰雪性能。

5.1　除冰雪机理

为了明确橡胶颗粒沥青路面的除冰雪机理，基于数值模拟方法，分析橡胶颗粒分布层位、橡胶颗粒掺量、温度、橡胶颗粒路面层厚度和基层类型等不同条件下冰层的应力应变状态，橡胶颗粒沥青路面除冰雪性能的影响因素及其相应的影响规律。

5.1.1　理论基础及技术途径

1. 有限元方法

有限元分析（finite element analysis，FEA）的基本概念是用较简单的问题代替复杂问题后再求解。它将求解域看成是由许多称为有限元的小的互连子域组成，对每一单元假定一个合适的（较简单的）近似解，然后推导求解这个域总的满足条件（如结构的平衡条件），从而得到问题的解。这个解不是准确解，而是近似解，因为实际问题被较简单的问题所代替。由于大多数实际问题难以得到准确解，而有限元不仅计算精度高，而且能适应各种复杂形状，因而成为行之有效的工程分析手段。

有限元是那些集合在一起能够表示实际连续域的离散单元。有限元的概念早在几个世纪前就已产生并得到了应用，例如，用多边形（有限个直线单元）逼近圆来求得圆的周长，但作为一种方法而被提出则相对较晚。有限元法最初被称为矩阵近似方法，应用于航空器的结构强度计算。它的发展可以追溯到 Hrennikoff 和 Courant 的工作。这些先驱者使用的方法具有很大的差异，但是他们具有共同的本质特征：利用网格离散化将一个连续区域转化为一族离散的子区域，通常称为元。Hrennikoff 的方法用类似于格子的网格离散区域；Courant 的方法将区域分解为有限个三角形的子区域，用于求解来源于圆柱体转矩问题的二阶椭圆偏微分方程。Courant 推动了有限元的发展，绘制了早期偏微分方程的研究结果。有限元方法因其方便性、实用性和有效性而引起从事力学研究的科学家的浓厚兴趣。随着计算机技术的快速发展和普及，有限元方法迅速从土木工程和航空工程中的弹性和结构分析计算扩展到几乎所有的科学技术领域，成为一种丰富多彩、应用广泛并且实用高效的数值分析方法。

有限元方法与其他求解边值问题的近似方法的根本区别在于它的近似性仅限于相对小的子域中。20 世纪 60 年代初首次提出结构力学计算有限元概念的 Clough 教授形象地将其描绘为：有限元法＝Rayleigh Ritz 法＋分片函数，即有限元法是 Rayleigh Ritz 法的一种局部化情况。不同于求解（往往是困难的）满足整个定义域边界条件的允许函数的 Rayleigh Ritz 法，有限元法将函数定义在简单几何形状（如二维问题中的三角形或任意四边形）的单元域上（分片函数），且不考虑整个定义域的复杂边界条件，这是有限元法优于其他近似方法的原因之一。

对于不同物理性质和数学模型的问题，有限元求解法的基本步骤是相同的，只是具体公式推导和运算求解不同。有限元求解问题的基本步骤如下。

第一步：问题及求解域定义。根据实际问题近似确定求解域的物理性质和几何区域。

第二步：求解域离散化。将求解域近似为具有不同有限大小和形状且彼此相连的有限个单元组成的离散域，习惯上称为有限元网络划分。显然单元越小（网络越细）离散域的近似程度越好，计算结果也越精确，但计算量及误差都将增大，因此求解域的离散化是有限元法的核心技术之一。

第三步：确定状态变量及控制方法。一个具体的物理问题通常可以用一组包含问题状态变量边界条件的微分方程式表示，为适合有限元求解，通常将微分方程化为等价的泛函形式。

第四步：单元推导。对单元构造一个适合的近似解，即推导有限单元的列式，其中包括选择合理的单元坐标系，建立单元试函数，以某种方法给出单元各状态变量的离散关系，从而形成单元矩阵（结构力学中称刚度阵或柔度阵）。

为保证问题求解的收敛性，单元推导有许多原则要遵循。对工程应用而言，重要的是应注意每一种单元的解题性能与约束。例如，单元形状应以规则为好，畸形时不仅精度低，而且有缺秩的危险，将导致无法求解。

第五步：总装求解。将单元总装形成离散域的总矩阵方程（联合方程组），反映对近似求解域的离散域的要求，即单元函数的连续性要满足一定的连续条件。总装是在相邻单元结点进行，状态变量及其导数（可能的话）连续性建立在结点处。

第六步：联立方程组求解和结果解释。有限元法最终导致联立方程组。联立方程组的求解可用直接法、迭代法和随机法。求解结果是单元结点处状态变量的近似值。对于计算结果的质量，将通过与设计准则提供的允许值比较来评价并确定是否需要重复计算。

简言之，有限元分析可分成三个阶段，前处理、处理和后处理。前处理是建立有限元模型，完成单元网格划分；后处理则是采集处理分析结果，使用户能简便提取信息，了解计算结果。

2. 离散单元方法

1）基本原理

离散单元法是专门用来解决不连续介质问题的数值模拟方法。离散单元法首次于19世纪70年代由 Cundall 和 Strack 在 *A Discrete Numerical Model for Granular Assemblies* 一文中提出，首先将圆形（球）单元引入岩石力学问题的分析，并于1979年进一步用于解决土壤等颗粒材料的力学问题。1988年，Cundall 和 Strack 将其系统地开发成一种方法，并称为"特殊单元方法"（distinct element method）。由于这种方法与有限元法有着本质的区别，因此也有人将其称为"离散单元法"（discrete element method，DEM），并不断得到学者的关注和发展。1986年，在第一届全国岩石力学数值计算及模型试验讨论会上，王泳嘉首次向我国岩石力学与工程界介绍了离散单元法的基本原理及几个应用例子。

连续机理模型的问题在于其忽略了颗粒的个体性质，而过分依赖高度简化的、规定性质的本构方程。离散单元法的基本思想是把物体看做是具有一定形状和质量的离散颗粒单元的集合，每个颗粒为一个单元，将材料理想化为相互独立、相互接触和相互作用的颗粒群体。颗粒单元有几何特征和物理特性。单元的尺寸是微观的，只与相邻的单元作用，其运动受经典运动方程控制，整个介质的变形和演化由各单元的运动和相互位置来描述。

颗粒单元的几何特征主要包括形状、尺寸及初始排列方式等。常用的颗粒元形状有原形和椭圆形（2D）、球形和椭球形（3D）及近年来发展起来的组合元等。排列方式既可以采用类似空间晶格点阵的均匀规则排列，也可采用随机高斯排列。颗粒单元的物理特性主要包括质量、温度、刚度、比热容、相变、化学活性等。在离散单元法中，材料常数具有明显的物理意义，并且可以灵活地设置荷载模式、颗粒尺寸、颗粒分布和颗粒的物理性质，有效地建立起材料宏观力学行为与微观力学行为间的关系，并可视化地了解模拟过程中材料颗粒的位移（平动、转动）和接触力发展状况。

离散单元法的一般求解过程如下：将求解空间离散为离散元单元阵，并根据实际问题用合理的连接元件将相邻两单元连接起来；单元间相对位移是基本变量，由力与相对位移的关系可得到两单元间法向和切向的作用力；对单元在各个方向上与其他单元间的作用力及其他物理场对单元作用所引起的外力求合力和合力矩，根据牛顿第二运动定律可以求得单元的加速度；对其进行时间积分，进而得到单元的速度和位移。从而得到所有单元在任意时刻的速度、加速度、角速度、线位移和转角等物理量。

图 5.1 所示为颗粒介质中单一颗粒的受力状态。颗粒介质材料在外部荷载作用下，任何单一颗粒均呈现"受力→运动→平衡→静止"这样一个运动形态。离散单元法用对时间的差分来描述单个颗粒从受力到静止这样一个过程。在一个合适的时间步长内，由颗粒"接触力-相对位移关系"可以得出作用于单一颗粒上的合力，再由牛顿第二运动定律确定出颗粒运动的加速度、速度和位移及颗粒在介质中新的位置。以循环的方式计算颗粒在新位置的受力和位移，直至受力平衡，运动静止。颗粒间的作用力如图 5.2 所示。

图 5.1　在颗粒介质中单一颗粒的受力状态

2）基本方程

颗粒流理论及其数值方法是目前国际上比较成熟的离散单元法。相应的程序软件是颗粒流程序（particle flow code，PFC）。颗粒流方法将材料颗粒理想化为圆形或球形单元，用所谓软接触方式表达颗粒间接触的性质。接触发生在很小范围内即为点接触。接触特性为柔性接触，接触允许有一定的"重叠"量。"重叠"量的大小与接触力有关，与颗粒大小相比，"重叠"量很小。接触处有特殊的连接强度。为了保持颗粒的形状，假定颗粒是刚性的，但允许颗粒在接触力的作用下产生弹性变形。PFC 是用来模

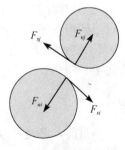

图 5.2　颗粒间的
作用力示意

拟固体力学和颗粒流动问题的一种有效手段。在此以 PFC 软件为依托来介绍。

（1）物理方程。

物理方程体现为力与位移的关系，在 PFC 软件中有两种接触，即球-球接触（ball-ball contact）和球-墙接触（ball-wall contact），各种接触如图 5.3 和图 5.4 所示。

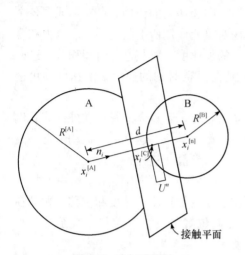

图 5.3　球与球接触

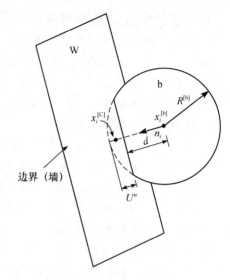

图 5.4　球与边界（墙）接触

（2）运动法则。

物体在外力作用下会发生运动，这一运动可以表现为两种形式：平动和转动。质心的平动可以用位置的变化 x_i、速度 $\dot{x}_i$ 和加速度 $\ddot{x}_i$ 来描述；物体的转动用角速度 ω_i 和角加速度 $\dot{\omega}_i$ 来描述。

对于半径为 R 的球体单元（三维问题）或圆盘性单元（二维问题），质量对于体积的分布是均匀的。因此，质心与物体的几何中心是一致的。对于球形颗粒，如果局部坐标原点与质心重合，则局部坐标轴就成为物体的主轴。此时，三个主轴方向的惯性矩相等。对于圆盘形单元（平面问题），因为 $\omega_1 = \omega_2 \equiv 0$，可以得到用整体坐标系统表示的物体转动运动方程为式（5.1）：

$$M_3 = I\dot{\omega}_3 = (\beta m R^2)\dot{\omega}_3 \tag{5.1}$$

式中

$$\beta = \begin{cases} 2/5, & \text{球体单元} \\ 1/2, & \text{圆盘形单元} \end{cases}$$

目前，已经可以计算出量：x_i、$\dot{x}_i$、$\dot{\omega}_3$、F_i 和 M_3 在 $t \pm n\Delta t$ 时刻的值，如果引入时间步长 Δt，按中心差分的方法对运动方程式进行积分，可以计算出 $t \pm n\Delta t/2$ 时刻的 $\dot{x}_i$ 和 ω_3。

3）边界条件

（1）以墙作为边界。

在作常规的颗粒材料的力学试验时，通常是将颗粒材料装在一个试模中进行。类似的，DEM 试件的集成和试验也需要这样一个试模，称之为边界条件，DEM 俗称为"墙"。这些边界墙可以按指定的速度移动，他们对颗粒单元的反力可以作为变量被记录下来。通过对墙边界实施伺服控制可以实现对试件的单轴或双轴（对应于平面问题）试验。

（2）以颗粒单元作为边界。

DEM 允许以一"串"或多"串"颗粒单元作为边界条件，替代墙边界条件。这种颗粒单元边界包括以下三种情况：①固定速度的颗粒单元边界。试件集成后，删除某些特定的墙边界，将被删除的墙边界的运动状态施加于与之相邻的颗粒单元上（如速度）。②对颗粒单元边界施加外力。与经典力学一样，任何受力物体在去掉约束时，应以外力来替代原来的约束。可以对颗粒单元边界施加力，以取代边界墙的作用。

4）接触模式

颗粒与颗粒、颗粒与墙边界之间通过接触相互作用。所谓"接触"是指两个颗粒单元相对运动时，如果在它们之间产生力，那么这两个颗粒单元处于"接触"状态。这种接触通常指物理上的接触，但也有例外的情况。例如，对于两个被黏接在一起的颗粒单元，如果承受一个拉力，可能在两个颗粒间形成一个间隙，它们仍然被认为处于接触状态。

DEM 用接触模式来描述颗粒单元接触的物理和力学行为。虽然颗粒单元集成的试件宏观上或整体上可以表现出较复杂的非线性本构行为，然而这些复杂行为是通过相对简单的接触模式来实现的。每个接触模式可以由三个部分组成：接触刚度模式、滑动分离模式、黏接模式。

（1）接触刚度模式。

接触刚度模式提供了接触力和相对位移之间的弹性关系。法向和切向的接触刚度对应于法向分力、切向分力和相对位移。一般的做法是，法向分力对应于割线模量，切向分力对应于切线模量。因此，如果已知总的法线方向的相对位移，就可以随时计算出总的法向分力。但是切向分力只能由切向相对位移增量计算出切向分力增量。这就是说，如果在模拟过程中改变法向刚度，整个试件的行为将立即受到影响。如果在模拟过程中改变切向刚度，只会影响切向分力新的增量。这样做的优点是，可以在模拟过程中任意改变颗粒单元的位置和半径。最简单的接触刚度模式为：一个线性模式。在线性模式中，力和相对位移为线性关系，刚度为常量（弹簧）。

（2）滑动分离模式。

对于两个非黏接的颗粒单元，DEM 的滑动模式允许它们之间产生相对滑动乃至分离，此时颗粒间不存在拉力。

（3）黏接模式。

接触刚度模式和滑动分离模式描述了非黏接情况下颗粒单元-边界墙和颗粒单元-颗粒单元之间接触的物理和力学行为。然而，在现实中，颗粒间往往存在黏接或胶结材料。这些黏接或胶结材料的作用可以分为以下两种类型：①接触黏接，或称之为"点黏接"，表征颗粒单元间的黏接情况；②平行黏接，或称之为"面黏接"，代表颗粒间有胶结材料（沥青、水泥）作用的情况。

接触黏接具有法向拉伸强度和切向剪切强度。允许颗粒单元间存在拉力。如果法向拉力和剪切力分别超过它们的强度，黏接就会破坏。具有点黏接模式的颗粒单元如同焊接在一起，当黏接保持完整时，不可能产生滑动。然而，接触黏接不提供转动约束。接触点处的不平衡力矩会导致颗粒单元转动。

平行黏接的颗粒单元可以被想象成在颗粒间涂上具有弹性性质的胶水。因此，这种黏接模式既可以承受力的作用也可以承受力矩的作用。颗粒在平行黏接模式下仍然可以发生相对位移，其幅度取决于平行黏接的刚度。需要注意的是，接触点的条件并不因为平行黏接的存在而变化。也就是说，如果没有接触黏接，颗粒间仍然会发生滑动和分离。因此，最小的相对位移情况应该是接触黏结和平行黏接同时存在的情况。

5）颗粒单元接触参数的确定。

如果按颗粒间黏接的效果来分类，可以分成为三类：接触黏接（一些黏性土）、平行黏接（沥青、水泥混合料）和非黏接（颗粒材料）。其力学行为可以由材料的微观参数来控制。这些微观参数包括：颗粒的刚度和强度、颗粒间的黏接刚度和强度、颗粒间的摩擦系数等。微观参数一般是通过试验，由宏观力学行为（弹性常数、材料摩擦角、强度包络线等）来确定。

为了确定颗粒间的黏接特性，一般是将颗粒间的黏接看成一个弹性梁（图 5.5）。

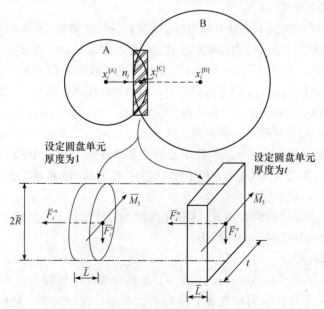

图 5.5　平行黏结模式

在梁的端部（颗粒中心）承受力和弯矩向量。这个梁可以用下面的变量来定义：①几何参数——长（L）、横断面积（A）、惯性矩（I）；②变形参数——杨氏模量（E）、泊松比（ν）；③强度参数——法向强度（σ_c）和切向强度（τ_c）。接触和平行黏接的杨氏模量由 E_c 和 $\bar{E}_c$ 来表达。同时假设颗粒为圆盘形，厚度为 t。

接触黏接的力学行为可以近似地看成两个颗粒用非常少量的水泥类胶结材料进行点黏接。此时，平行黏接的半径为零，所以接触黏接不能抵抗弯曲和旋转，在接触点只能抵抗力的作用。可以用两个参数定义接触黏接：法向和切向黏接强度 φ_n、φ_s。注意这些参数以力的单位表达，所以必须通过变换将应力单位换算为力的单位。当承受的应力等于或超过材料的强度 σ_c 或 τ_c 时，黏接遭到破坏，颗粒黏接材料成为非黏接材料（粒料）。因为接触黏接不承担力矩作用，所以接触黏接可以理解为只承受轴向力和纯剪切作用的梁。

平行黏接的情况类似于在颗粒间放置了胶结材料（如水泥或沥青）。它相当于在滑动和接触黏接模型中加入了平行的弹性约束，用以传递力和力矩（接触黏接只能传递颗粒间的力）。平行黏接用下面参数定义：法向刚度 $\bar{k}_n$ 和切向刚度 $\bar{k}_s$ ［应力/位移］；法向强度 $\bar{\sigma}_c$ 和切向强度 $\bar{\tau}_c$ ［应力］；黏接半径 $\bar{R}$。

6）颗粒流方法解题途径

用颗粒流方法进行数值模拟的步骤如下：

（1）定义模拟对象。

根据模拟意图定义模型的详细程度，假如只对某一力学机制的不同解释做出判断时，可以建立一个比较粗略的模型，只要在模型中能体现要解释的机制即可，对所模拟问题影响不大的特性可以忽略。

（2）建立力学模型的基本概念。

首先对分析对象在一定初始条件下的特性形成初步概念。为此，应先提出一些问题（如系统是否将变为不稳定系统；对象变形的大小；主要力学特性是否非线性；是否需要定义介质的不连续性；系统边界是实际边界还是无限边界；系统结构有无对称性等）。综合以上问题来描述模型的大致特征，包括颗粒单元的设计、接触类型的选择、边界条件的确定及初始平衡状态的分析。

（3）构造并运行简化模型。

在建立实际工程模型之前，先构造并运行一系列简化的测试模型，可以提高解题效率，加深对力学系统概念的了解。有时在分析简化模型的结果后（如所选的接触类型是否有代表性；边界条件对模型结果的影响程度等），还需将步骤（2）加以修改。

（4）补充模拟问题的数据资料。

模拟实际工程问题需要大量简化模型运行的结果，对于沥青混合料来说，包括材料组成、外荷载、环境条件等。因为一些实际工程性质的不确定性（特别是应力状态、变形和强度特性），所以必须选择合理的参数研究范围。步骤（3）简化模型的运行有助于这项选择，从而为更进一步的试验提供资料。

（5）模拟运行的进一步准备。

首先，合理确定每一时步所需时间，若运行时间过长，很难得到有意义的结论，就应该考虑在多台计算机上同时运行。其次，模型的运行状态应及时保存，以便在后续运行中调用其结果。例如，如果分析中有多次加卸荷过程，更能方便地退回到每一过程，并在改变参数后可以继续运行。此外，在程序中应设有足够的监控点（如参数变化处、不平衡力等），对中间模拟结果随时作出比较分析并分析颗粒流动状态。

（6）运行计算模型。

在模型正式运行之前先运行一些检验模型，然后暂停，根据一些特性参数的试验或理论计算结果来检查模拟结果是否合理，当确定模型运行正确无误时，连接所有的数据文件进行计算。

（7）解释结果。

问题研究的最后阶段是模拟结果的解释，这里将计算结果与实测结果进行比较分析。模型中任何变量的数值都应当能够方便地输出分析。将模拟结果以图形的方式直接显示在计算机屏幕或者硬件绘图设备中输出是比较理想的解释方式。应当保证图形能够清晰反映要分析的区域（如应力集中区），同时图形的输出格式能够直接与实测结果进行对比。

5.1.2　冰的物理力学特性

冰是由许多水分子汇聚而成的六方晶体。冰的力学性质受分子中氢键的脆弱程度、晶格的几何特性和外界条件等的影响，在一定向力的作用下，冰呈现弹性、塑性或脆性状态。温度越低，冰晶空间格子的原子变位越困难，晶格也越坚固，冰的弹性、脆性性能越突出，反之，温度越高，冰的塑性性能越显著。在外力作用下，冰结构的变形是不可逆的。这是由于外力作用于冰晶体所消耗的功，一部分转化为温度升高产生的热融解能，另一部分转化为晶体的自由能。

冰的变形特性与冰的介质、温度、加荷速率、加荷方向及加荷时间等因素相关。在集中或均布荷载作用下，当垂直力比较小时，冰首先出现瞬时弹性变形，然后出现塑性变形。若垂直力或弯矩较大，等于或大于冰晶间的结合力或冰的极限强度后，冰则迅速发生塑性或脆性破坏。

5.1.3　橡胶颗粒路面抑制结冰机理

1. 基于有限元方法的分析

本书全部问题均基于低温和瞬时重复荷载条件，因此，冰层、橡胶颗粒和沥青混合料均假设为线弹性体，分析采用轴对称有限元模型，单元类型采用八结点单元；左右边界施加水平向约束，底部施加竖向约束，各层间的接触假定为完全连续。综合考虑计算精度和计算速度问题，分析范围的水平方向和竖向分别定为3.0m 和 2.5m；计算模型和有限元网格划分如图5.6 所示。

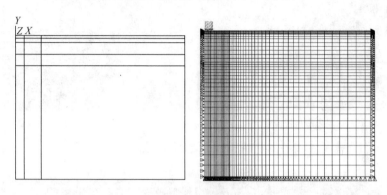

图 5.6　计算模型

　　为了分析橡胶颗粒单体对冰层内应力应变情况的影响，探求橡胶颗粒沥青路面的除冰雪机理，参照目前我国典型的道路结构情况，拟定各结构层材料组成见表5.1。分析中采用单圆均布荷载，等效后的当量圆直径为 30.12cm，压强是0.7MPa，温度定为 0℃，冰层厚度 5mm。分析结果如图 5.7 和图 5.8 所示。

表 5.1　结构组合情况

工况 1	工况 2	工况 3	工况 4	工况 5	工况 6
冰层 5mm	冰层 5mm	冰层 5mm	冰层 20mm	冰层 20mm	冰层 20mm
细粒式沥青混合料 4cm	沥青上面层 4cm，其表面橡胶颗粒的分布密度为 0.4 个/cm²	橡胶颗粒沥青面层 4cm，其表面橡胶颗粒的分布密度为 0.4 个/cm²	沥青上面层 4cm	沥青上面层 4cm，其表面橡胶颗粒的分布密度为 0.4 个/cm²	橡胶颗粒沥青面层 4cm，其表面橡胶颗粒的分布密度为 0.4 个/cm²
沥青下面层 8cm	沥青下面层 8cm	沥青下面层 8cm	沥青下面层 8cm	沥青下面层 8cm	沥青下面层 8cm
半刚性基层 20cm	半刚性基层 20cm	半刚性基层 20cm	半刚性基层 20cm	半刚性基层 20cm	半刚性基层 20cm
底基层 20cm	底基层 20cm	底基层 20cm	底基层 20cm	底基层 20cm	底基层 20cm
土基	土基	土基	土基	土基	土基

　　从图中可以看出，对于普通沥青路面表面的冰层而言，其受力均匀；在荷载作用区域内，其处于受压状态；随考察位置由荷载作用中心向外侧不断推移，冰层内的压应变逐渐减小，冰层开始呈现受拉状态，在荷载作用区域的边缘位置

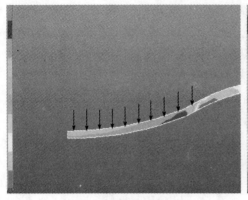

（a）冰层内最大拉应变　　　　　　　　（b）冰层内最大剪应变

图 5.7　普通沥青路面

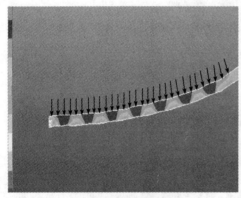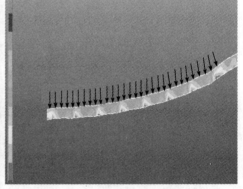

（a）冰层内最大拉应变　　　　　　　　（b）冰层内最大剪应变

图 5.8　橡胶颗粒沥青路面

处冰层底面拉应变达到最大；在荷载的作用下，冰层内出现明显的剪切变形，冰层内的最大剪应变也出现在荷载作用区域的边缘位置。

在橡胶颗粒存在的情况下，路面表面冰层受力不均匀，在橡胶颗粒的位置处出现明显的应力集中现象，橡胶颗粒表面冰层呈现受拉状态，其最大拉应变和最大剪应变均出现在橡胶颗粒的角隅处。

计算结果显示，在相同条件下，普通沥青路面表面的冰层内的拉应变较小，与之相比，其剪应变较大，但两者均分别小于冰的极限破坏拉应变（2.2×10^{-4}）和极限破坏剪应变（2.4×10^{-3}），由此可见，普通沥青路面不具有破冰效果。

分析发现，在橡胶颗粒存在的情况下，路面表面冰层内的拉应变和剪应变均明显增大。普通沥青路面表面冰层内的拉应变（其最大值为 0.85×10^{-4}）远小于有橡胶颗粒存在的情况（普通沥青路面＋橡胶颗粒的情况和橡胶颗粒沥青路面

＋橡胶颗粒的冰层内的拉应变分别为 2.32×10^{-4} 和 2.81×10^{-4}），两者相差在一个数量级以上；剪应变的情况也相同。

由于路面表面的积冰是以脆性形式破坏的，在这种条件下，冰可以作为脆性材料处理，对于冰而言，在荷载作用下，当其内部某点产生的应力或应变超过其极限强度或极限破坏应变时，冰即产生裂纹，裂纹会随荷载的继续作用而迅速扩展，引起冰的脆性破坏。数据显示，有橡胶颗粒存在的路面表面的冰层内的拉应变和剪应变均大于冰的极限破坏应变，根据脆性破坏强度理论，可以认为其具有破冰的效果，能够有效抑制路面结冰。

但是，通过对普通沥青路面＋橡胶颗粒和橡胶颗粒路面＋橡胶颗粒两种情况下路面表面冰层内应变分布情况的对比分析发现，普通沥青路面＋橡胶颗粒的冰层内的拉应变和剪应变均相对较小，这说明面层的整体柔韧性对除冰效果是有影响的，面层的模量越低，柔性越大，冰层内产生的应变越大，其破冰效果越好。

对于橡胶颗粒沥青路面而言，与普通沥青路面相比，在荷载作用下，其表面的冰层内均出现了较大的拉应变和剪切应变，而且两者均大于相应的破坏拉应变和破坏剪切应变。但分析发现，冰层内的最大拉应变与冰的极限破坏拉应变的比值仅为 1.27；而冰层内的最大剪应变与冰的破坏剪应变的比值高达 1.75，由此可见，在有橡胶颗粒存在的条件下，冰的破碎主要是剪切破坏引起的。

在分析中还发现，随冰层厚度的增加，普通沥青路面和橡胶颗粒沥青路面表面冰层内的拉应变和剪应变均呈现减小的趋势，且橡胶颗粒路面表面冰层内的拉应变和剪应变仍明显大于普通沥青路面的；但是，当冰层厚度达到 20mm 时，橡胶颗粒沥青路面表面冰层内的拉应变和剪应变均小于冰的极限破坏应变，此时，已不足以破除路面积冰。

综合分析认为，橡胶颗粒的存在使得路面具有了抑制结冰的性能；橡胶颗粒沥青路面表面冰层的破坏是弯拉破坏和剪切破坏共同作用的结果，但剪切破坏是主要控制因素；随面层整体柔性的增加，橡胶颗粒沥青路面的抑制结冰效果增强；随冰层厚度的增加，橡胶颗粒沥青路面的抑制结冰效果减弱。

2. 基于离散元方法的分析

从上面的分析可知，橡胶颗粒沥青路面的除冰机理主要是由于冰层与橡胶颗粒之间巨大的模量差，使冰层中产生应力集中来实现的。因此，探讨橡胶颗粒的掺量与分布对混合料模量的影响，对于设计用于除冰目的的橡胶颗粒沥青混合料具有指导意义。这一工作应用离散单元法来完成。

沥青混合料是由结合料、集料和空隙组成的，在离散单元模型中的数字重构包括沥青结合料的重构、集料的重构和混合料的重构。重构技术应满足结合料、集料各自的力学特性及结合料与集料结合后的力学行为。

由于沥青结合料的四组分的分子大小为纳米级，颗粒大小差异不明显，在离散单元模型中可以采用单一尺寸的圆形基本颗粒表示，并且在指定颗粒半径时给定相对较小的值。

对于形状和尺寸千差万别的集料，在重构时可依据 Clump 理论，由基本的圆形颗粒组成不规则的颗粒来模拟，各颗粒的参数包括法向刚度、切向刚度、颗粒密度等。

沥青附着并浸润集料的模型可用离散单元中平行黏结模型模拟。该模型中两颗粒接触后，颗粒间形成范围很小的黏结膜，黏结膜可用于描述沥青与集料的黏附。

在橡胶颗粒掺量对混合料弹性性能影响的分析中，首先在试槽内生成颗粒（代表沥青路面），然后在颗粒表面进行承载板（直径 30cm）试验。由对称性，实际计算采用了半个模型，并以控制变形量 1mm 为试验结束的准则，如图 5.9 所示。研究结果如图 5.10 所示。

1）橡胶颗粒掺量对混合料模量的影响

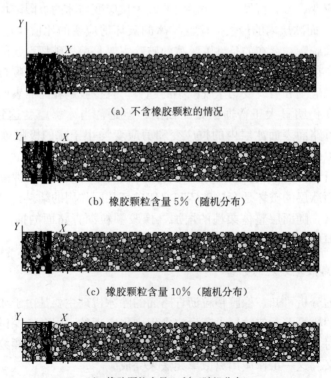

(a) 不含橡胶颗粒的情况

(b) 橡胶颗粒含量 5%（随机分布）

(c) 橡胶颗粒含量 10%（随机分布）

(d) 橡胶颗粒含量 20%（随机分布）

图 5.9　离散单元法分析模型（橡胶颗粒含量影响）

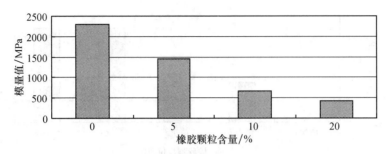

图 5.10　橡胶颗粒含量对混合料弹性性能的影响

由图中可以看出，随着橡胶颗粒掺量的提高，混合料的弹性模量可以大幅降低。

2）橡胶颗粒位置对混合料模量的影响

计算模型如图 5.11 所示，橡胶颗粒位置对混合料模量的影响的研究结果如图 5.12 所示。

分析结果表明，从除冰的角度看，橡胶颗粒在路面中所处的位置对除冰的效果有非常大的影响。处于表面的橡胶颗粒对于除冰有最好的效果（情况 1）；橡胶颗粒只有在车轮荷载的作用下才能发挥出除冰的效果（情况 4 和情况 5）。

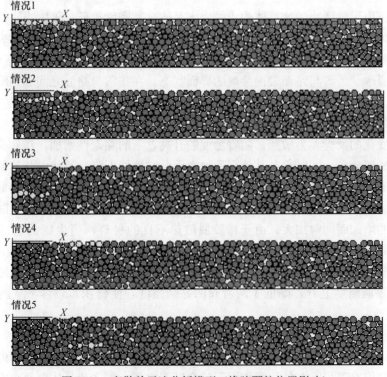

图 5.11　离散单元法分析模型（橡胶颗粒位置影响）

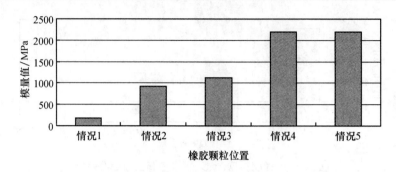

图 5.12　橡胶颗粒的位置对混合料模量值的影响

3. 橡胶颗粒沥青路面抑制结冰机理

研究成果表明，橡胶颗粒沥青路面的除冰雪效果是橡胶颗粒单体作用和路面整体变形共同作用的结果；橡胶颗粒周围的应力集中、冰雪层与路面变形的不协调及界面黏结强度下降的共同作用，使橡胶颗粒沥青路面具有了除冰雪性能；路面表面冰层的破碎主要是由剪切破坏引起的。

4. 橡胶颗粒沥青路面抑制积雪的机理分析

雪是由无数微小的冰晶体构成的六方晶体，其密度较低、硬度小、晶体结构相对较为疏松。最新的研究成果认为，温度在－20℃以上时，冰晶体的表面覆盖着一层薄薄的水膜。因此，实际上积雪与路面表面的接触面上存在着一层水膜，这层水膜改变了雪与路面表面接触的界面状态，在积雪与路面之间起到润滑剂的作用。

另外，由于雪是一种结构疏松、融点低的特殊物质，它的物理性质决定了它对温度变化的反应尤为敏感。随着温度的升高，雪的黏聚性增加，在外荷载作用下极易成层分布，同时雪与其他介质的表面黏结性能下降，致使雪与其他介质的黏结强度降低。而橡胶属高分子材料，在受到动荷载作用时，由于其内部分子链之间的缠绕、摩擦，可对振动能起到耗散作用，其内部所产生的热量也随荷载作用次数的增加而同时加大。由于橡胶属散热不良的材料，当生成的热量大于散发的热量时，橡胶材料的温度会上升。分布在路面表面的橡胶颗粒在车辆荷载的重复作用下，内部累积的热量不断增加，其表面温度升高，使得与其接触的积雪的表面温度上升，降低了两者间的黏结强度，使得积雪较容易从路面表面剥落。

对于橡胶颗粒沥青路面而言，由于路面材料和结构本身的弹性特性，使其在荷载作用下具有较大的变形能力，而且，由于橡胶颗粒与石料间巨大的模量差的存在，使得路表积雪在外荷载作用下的变形不协调，加之冰晶体表面水膜的润滑作用和由于接触面温度上升造成的黏度下降，使得雪与路面之间极易发生相对滑动，从而有效抑制了积雪与路面表面的黏结。

5.2　橡胶颗粒路面除冰雪性能的影响因素

橡胶颗粒沥青路面的除冰雪性能受多种因素的影响。在除冰雪机理研究的基础上，采用有限元分析方法，通过不同条件下路面表面冰层的应变情况对各因素的影响进行了分析。

1）橡胶颗粒分布层位的影响

按三种工况进行了分析，具体情况见表 5.2，分析中假定温度为 0℃，结果如图 5.13 所示。

表 5.2　路面结构组合

工况 1	工况 2	工况 3
冰层 5mm	冰层 5mm	冰层 5mm
橡胶颗粒沥青混合料 2cm	细粒式沥青混合料 2cm	细粒式沥青混合料 2cm
细粒式沥青混合料 2cm	橡胶颗粒沥青混合料 2cm	细粒式沥青混合料 2cm
细粒式沥青混合料 2cm	细粒式沥青混合料 2cm	橡胶颗粒沥青混合料 2cm
沥青下面层 8cm	沥青下面层 8cm	沥青下面层 8cm
半刚性基层 20cm	半刚性基层 20cm	半刚性基层 20cm
底基层 20cm	底基层 20cm	底基层 20cm
土基	土基	土基

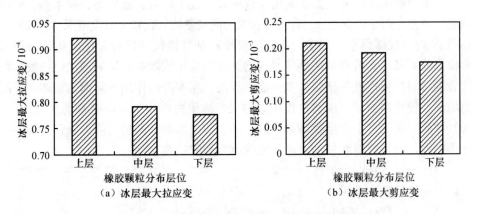

（a）冰层最大拉应变　　　　（b）冰层最大剪应变

图 5.13　橡胶颗粒分布层位影响的分析结果

从分析结果可以看出，橡胶颗粒位于路表时，冰层内产生的拉应变和剪应变最大；随着橡胶颗粒分布位置的逐渐下移，冰层内所产生的拉应变和剪应变呈递减趋势。

分析结果表明，橡胶颗粒在面层中的分布层位对橡胶颗粒沥青路面的除冰性能影响较大。当橡胶颗粒越靠近路表时，冰层内部产生的应变越大，破冰效果越明显。因此，为了获得良好的除冰雪性能，应该使橡胶颗粒尽可能的分布于接近路面表面的位置。

2）橡胶颗粒掺量的影响

分别对橡胶颗粒的掺量为 2％、4％和 6％的橡胶颗粒沥青路面进行了研究，温度定为 0℃，分析结果如图 5.14 所示。

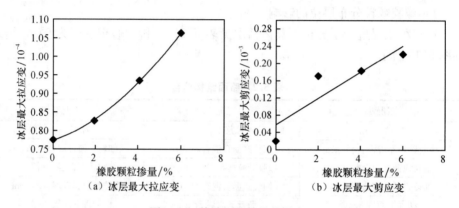

图 5.14　橡胶颗粒掺量的影响

从图中可以看出，随橡胶颗粒掺量的增加，冰层内部产生的拉应变和剪应变增大，这说明随着橡胶颗粒掺量的增加，橡胶颗粒沥青路面的除冰效果在增强。

高聚物的弹性模量随温度变化大致可分为五个阶段：玻璃态、皮革态、软玻璃态、高弹态和黏流态。橡胶作为一种典型的高聚物，在较大温度范围（－70℃～130℃）内呈现高弹态，表现出良好的弹性和延伸性能。因此，橡胶颗粒的掺入会使橡胶颗粒沥青混合料的整体柔性增加。随着橡胶颗粒掺量的增加，橡胶颗粒沥青混合料的弹性性能增强，变形能力提高，相同荷载作用下路面的整体变形能力增强，使得冰层承受的弯拉作用力增大，冰层内产生的拉应变和剪应变增大，而且橡胶颗粒沥青上面层整体柔性的增强，使得冰裂纹的扩展能力增强，加剧了冰的破碎，致使橡胶颗粒沥青路面的除冰雪性能提高。

由此可见，在混合料路用性能允许的条件下，可适当提高橡胶颗粒的掺量，以获得更好的除冰效果。

3）面层厚度的影响

对 2cm、4cm 和 6cm 三种厚度橡胶颗粒沥青混合料上面层的路面表面冰层的应变情况进行了对比分析。分析中其他结构层厚度保持不变，温度为 0℃，橡胶颗粒的掺量为 4％，分析结果如图 5.15 所示。

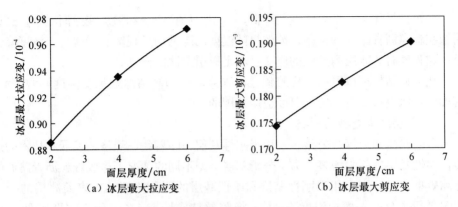

（a）冰层最大拉应变　　　　　　　　（b）冰层最大剪应变

图 5.15　橡胶颗粒沥青混合料面层厚度影响分析结果

从图中可以看出，随着橡胶颗粒沥青混合料面层厚度的增加，冰层内的拉应变和剪应变增大，说明橡胶颗粒沥青路面的除冰性能在增强。

橡胶颗粒沥青面层厚度不同，其结构的整体变形能力不同，在冰层内产生的应力和应变也会随之产生较大的变化。随面层厚度的增加，路面的整体柔性增强，在冰层内部产生的应变增大，其破冰能力提高。

计算结果还显示，与其他因素相比，面层厚度的变化对冰层内应变的影响较小。因此，在实际使用过程中可以根据需要选择适合的面层厚度。

4）温度的影响

由于不同温度条件下，冰体材料的晶格和强度变化较大，温度越低，晶格越坚固，冰体强度越高，其极限破坏应变越大。而路面结构的整体模量亦随温度的变化而变化，此时，橡胶颗粒沥青路面就会表现出不同的抑制结冰性能。为了研究温度的影响，分别对 $0 \sim -20℃$ 范围内不同温度条件下冰层的情况进行了分析计算，分析结果如图 5.16 所示。

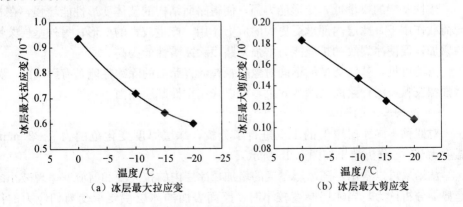

（a）冰层最大拉应变　　　　　　　　（b）冰层最大剪应变

图 5.16　温度影响分析结果

分析结果显示，随着温度的降低，冰层内的拉应变和剪应变逐渐减小。这说明橡胶颗粒沥青路面的抑制结冰效果随温度的降低而呈现减弱趋势，当温度降低至一定程度时，冰层内产生的应变已不足以引起冰的破坏。

从分析结果可以看出，橡胶颗粒沥青路面的抑制结冰效果受温度影响较大，其抑制结冰效果是有一定的温度适用范围的。

5）基层结构类型的影响

目前我国的高等级公路多采用半刚性基层。随着我国经济的发展和技术的进步，柔性基层也逐步增多。为了分析基层类型不同的情况下橡胶颗粒沥青路面的除冰效果，对分别采用半刚性基层和柔性基层的两种路面结构表面冰层的受力情况进行了分析。模拟温度为 0℃，橡胶颗粒掺量为 4%，分析结果如图 5.17所示。

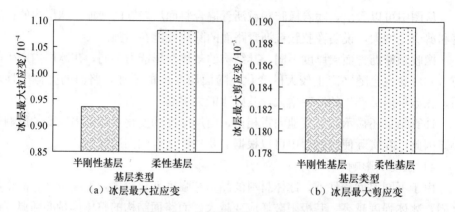

（a）冰层最大拉应变　　　　　　（b）冰层最大剪应变

图 5.17　基层类型影响分析结果

从计算结果可以看出，柔性基层条件下，冰层内的拉应变和剪应变均较半刚性基层的大，其除冰雪效果明显好于半刚性基层。

柔性基层的模量低，变形能力强，使得路面结构的整体变形性能增强，在相同荷载作用下，冰层内部承受更大的应力作用，产生较大的变形；另外基层柔性的增加，促使冰裂纹的扩展能力增强，路面除冰雪性能提高。

由此可见，基层类型的不同对橡胶颗粒沥青路面的除冰性能是有影响的，为增强橡胶颗粒沥青路面的除冰效果，可以采用柔性基层路面。

6）冰层厚度的影响

对四种不同冰层厚度的工况进行了分析，冰层厚度变化范围为 5～20mm，温度为 0℃，分析结果如图 5.18 所示。

从结果可以看出，随冰层厚度的增加，冰层内的拉应变和剪应变呈现减小的趋势。分析认为，当冰层厚度较小时，路面表面的冰层主要承受剪切应力的作用，其破坏主要为剪切破坏。

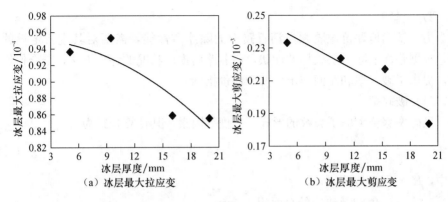

图 5.18　冰层厚度影响分析结果

　　综合上述研究结果，橡胶颗粒沥青路面的除冰雪性能与橡胶颗粒分布层位、橡胶颗粒掺量、面层厚度、温度和基层类型等密切相关。橡胶颗粒越靠近路表、掺量越大、面层厚度越大、温度相对越高，其除冰雪效果越好；柔性基层路面的除冰雪效果好。

5.3　橡胶颗粒路面除冰雪效果

5.3.1　除冰雪效果的评价方法

　　对于橡胶颗粒沥青混合料的抑制冰雪效果可以通过路面表面冰雪的开裂和破碎程度加以评价。

　　1）定性型

　　该方法是在温度、荷载大小和荷载作用次数一定的条件下，对试验对象表面的冰雪情况进行定性观察描述，通过冰雪性状的不同来区分橡胶颗粒沥青混合料的抑制冰雪效果。试验精度要求不高或试验时间有限时，可选择该评价方法。具体评价方法见表 5.3。

表 5.3　抑制冰雪效果评价表

抑制冰雪等级	表面性状
差	冰膜或积雪与混合料表面紧密黏结，表面仅留下车轮走过的痕迹
中	仅有少量横向裂缝或圆形裂缝，长度和宽度都很小，一般裂缝长度不超过 10mm
良	横向和圆形裂缝遍布整个轮迹宽度范围，甚至超出轮迹宽度范围
优	冰雪层破碎，与表面无黏结或黏结很弱，在外力作用下极易从表面剥离

2）定量型

为了精确地评价橡胶颗粒沥青路面的除冰雪性能，需要对其进行定量的分析。根据路面上冰雪层破坏的性状，借鉴路面损坏状况的评价方法，结合使用条件，提出了破碎率和路面露出率两个评价指标。

（1）破碎率。

破碎率综合考虑了裂纹的形式、长度等因素，其计算公式为

$$R_C = \frac{C_A + \lambda L}{A} \qquad (5.2)$$

式中，R_C——破碎率，%；

　　　C_A——龟裂及块裂的总面积，cm^2；

　　　L——单根裂纹总长度，cm；

　　　λ——将单根裂纹长度换算成面积的影响系数，一般取 0.3；

　　　A——测试总面积，cm^2。

块状和网状裂纹直接量测其面积（cm^2），按平行于试验轮走行方向的外接矩形面积计算。对于单根裂纹，量测实际长度（cm）后取其计算宽度为 0.3，折算成面积。

该评价方法适用于试验时间较为充裕，试验精度要求较高的情况。

（2）路面露出率。

对于室外的实体工程来说，其空间跨度大，若将路面表面冰雪的破碎情况量化到每个裂缝的长度、宽度，其工作量大，效率低。针对实体工程的特点，提出了路面露出率这个评价指标，用以评价橡胶颗粒沥青路面的除冰雪效果。

所谓路面露出率是指车辆行驶的路面范围内已露出路面面积（即冰雪破碎剥离后露出的面积）与检测路段面积之比。在交通量和冰雪状况等一定的条件下，路面露出率越大表明除冰雪的效果越好。在实际使用过程中，为了检测方便，检测路段的宽度可以选定为行车道宽度范围，长度方向一般可为 3～5m。

5.3.2　除冰雪效果

在影响因素分析的基础上，采用室内模拟试验方法，对橡胶颗粒沥青路面的除冰雪效果进行了研究。

1. 橡胶颗粒分布层位的影响

为了分析橡胶颗粒分布层位对路面抑制冰雪性能的影响，试验分别按照三种工况进行。工况一：橡胶颗粒沥青混合料（橡胶颗粒掺量为 6%）；工况二：在普通沥青混合料表面压入一层 4.75mm 的橡胶颗粒，橡胶颗粒满布于试件表面；

工况三：普通沥青混合料。试件厚度均为 3cm，试验温度为 0℃，冰膜厚度为 2.5mm 左右，试验历时 15min，试验结果如图 5.19 所示。

　　　（a）工况一　　　　　　　　（b）工况二　　　　　　　　（c）工况三

图 5.19　橡胶颗粒分布层位影响试验对比图

　　在试验过程中发现，对于橡胶颗粒沥青混合料试件（工况一），在车轮运行 50 次时，突出试件表面的橡胶颗粒周围即开始出现辐射状裂纹，随车轮走行次数的增加，橡胶颗粒顶面的冰膜破碎，而且冰裂纹向外扩展迅速，破碎面积较大；对于工况二，车轮运行 126 次后，橡胶颗粒周围开始出现辐射状裂纹，橡胶颗粒顶面冰膜破碎程度在荷载作用初期较为明显，但裂纹扩展范围相对较小；对于工况三，表面没有任何变化，自始至终未出现裂纹或破碎现象。

　　本书还对车轮走行 20min 后冰面的破碎率进行了观测，观测结果如图 5.20 所示。

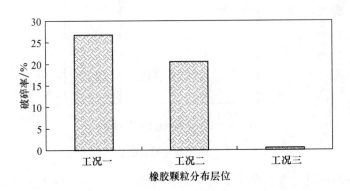

图 5.20　橡胶颗粒分布层位影响试验结果

　　从试验结果看，在有橡胶颗粒存在的情况下，混合料表面的冰层破碎率较大，而普通沥青混合料表面冰层的破碎率为零（为了进行直观的对比分析，图中将普通沥青混合料表面冰层破碎率进行了放大），其表面始终未出现裂纹或破碎现象；而且橡胶颗粒沥青混合料表面的冰的破碎率最大。

结果表明，橡胶颗粒的存在使路面具有了抑制结冰效果；但橡胶颗粒分布的位置对其抑制结冰性能影响较大；橡胶颗粒路面的抑制冰雪效果受橡胶颗粒单体变形和路面结构整体变形综合作用的影响。

2. 橡胶颗粒沥青混合料面层厚度的影响

为了研究不同表面层厚度对抑制结冰效果的影响程度，试验采用橡胶颗粒掺量 4％的混合料，厚度分别为 3cm 和 6cm，试验温度为 −3℃，冰膜厚度均为 1.5mm 左右，车轮走行 30min 后的试验结果如图 5.21 和图 5.22 所示。

（a）面层厚3cm　　　　　　　　　　（b）面层厚6cm

图 5.21　面层厚度影响试验对比图

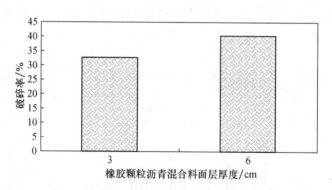

图 5.22　面层厚度影响试验结果

通过观测可以发现，车轮走行一定次数以后，试件表面的冰膜均出现了裂纹，且随着作用次数的增加，裂纹逐渐扩展，冰的破碎面积逐步加大；厚度为 6cm 的试件表面的冰膜比厚度为 3cm 的试件表面的冰膜更早的出现裂纹，且破碎面积更大。

可见，在其他条件相同情况下，橡胶颗粒沥青混合料面层厚度越大，其抑制结冰效果越好。因此，在条件允许的情况下，为了获得更好的抑制结冰效果，可适当加大橡胶颗粒沥青混合料面层厚度。

3. 橡胶颗粒掺量影响

为了分析橡胶颗粒掺量对抑制冰雪效果的影响，分别对橡胶颗粒掺量为 2%、4% 和 6% 的橡胶颗粒沥青混合料进行了除冰试验，混合料层厚 3cm，冰膜厚 1.5mm 左右，温度为 0℃。试验中对冰层破碎情况进行了观测，并对车轮走行 20min 后的冰面破碎率进行了量测，试验结果如图 5.23 和图 5.24 所示。

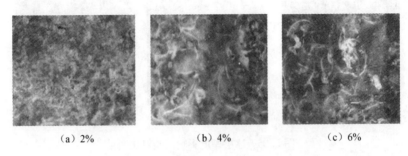

　　　（a）2%　　　　　　　　（b）4%　　　　　　　　（c）6%

图 5.23　橡胶颗粒掺量影响试验对比图

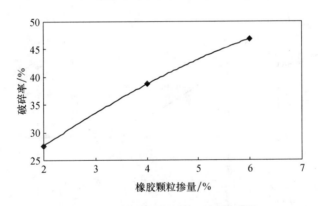

图 5.24　橡胶颗粒掺量影响试验结果

通过观测发现，橡胶颗粒掺量为 2% 时，混合料面层表面的橡胶颗粒分布密度较小，在外荷载作用下，面层表面的冰膜几乎没有任何变化，仅仅在橡胶颗粒周围出现少量裂纹；而橡胶颗粒掺量为 4% 和 6% 的橡胶颗粒沥青混合料面层表面的冰膜则出现明显裂纹；观测还发现，随着橡胶颗粒掺量的增大，裂纹出现时间越早，车轮走行一定次数后冰面的破碎率越大。

结果表明，橡胶颗粒掺量不同的情况下，橡胶颗粒沥青混合料的抑制冰雪性能不同；橡胶颗粒掺量越大，橡胶颗粒沥青混合料面层的抑制结冰效果越好。

4. 冰膜厚度影响

为分析冰膜厚度对抑制冰雪效果的影响，在试验温度为－1℃，橡胶颗粒掺量为 4%，面层厚度为 4cm 的情况下，分别对冰膜厚度为 2.0mm、4.0mm 和 10mm 的试件进行了试验观测，并对车轮运行 30min 后的冰面破碎率进行了量测，试验结果如图 5.25 和图 5.26 所示。

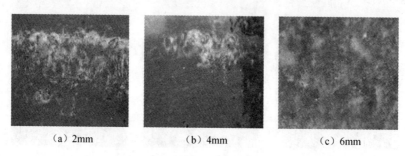

（a）2mm　　　　（b）4mm　　　　（c）6mm

图 5.25　冰层厚度影响试验对比图

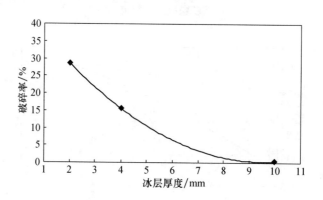

图 5.26　冰膜厚度影响试验结果

通过观测可以发现，冰层厚度越小，试件表面冰层的裂纹出现越早，且随车轮走行次数的增加，冰的破碎更为严重。从试验结果看，在车轮走行次数一定的条件下，随冰层厚度的增加，冰面破碎率呈现减小的趋势；当冰层达到一定厚度时，冰面破碎率接近 0，这说明此时橡胶颗粒沥青路面已不足以造成路面冰层开裂破碎。

由此可见，冰层厚度的变化对橡胶颗粒路面的抑制结冰效果影响较大；随着冰层厚度的增加，橡胶颗粒沥青混合料的抑制冰雪效果逐渐减弱。

5. 温度影响

对面层厚度为 3cm，橡胶颗粒掺量均为 4% 的试件进行了不同温度条件下的抑制结冰效果试验观测，试验结果如图 5.27 和图 5.28 所示。

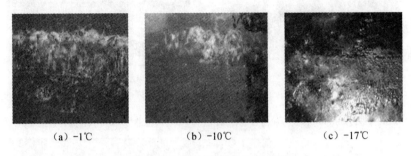

(a) -1℃　　　　　　(b) -10℃　　　　　　(c) -17℃

图 5.27　温度影响试验对比图

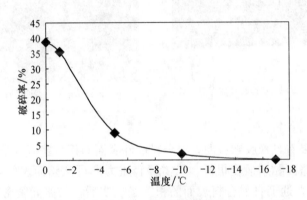

图 5.28　温度影响试验结果

通过观测发现，温度相对较高的情况下，表面冰膜裂纹出现较早，且破碎面较大；随温度的降低，裂纹出现的初始时间延后，且冰面破碎率呈现递减的趋势；当温度低于 -12℃ 时，冰面破碎率接近 0，冰层表面几乎不发生任何变化。

在负温度条件下，温度越高，试件表面的冰膜越容易破碎；随温度的降低，橡胶颗粒路面的抑制结冰效果明显减弱；当温度低于 -12℃ 后，橡胶颗粒沥青路面的抑制结冰性能达到极限。

6. 除雪试验

由于雪的堆积密度难以控制，所以本书利用自然降雪过程，使不同试件表面的积雪厚度和堆积密度保持一致。试验比较了橡胶颗粒沥青混合料（橡胶颗粒掺量为 4%）和普通沥青混合料的抑制积雪效果。试验温度为 -1℃，试件厚度为 4cm，试验结果如图 5.29 所示。

　　（a）试验进行20min（橡胶颗粒沥青混合料）　　（b）试验进行20min（普通沥青混合料）

 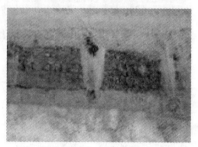

　　（c）试验结束后（橡胶颗粒沥青混合料）　　　（d）试验结束后（普通沥青混合料）

图 5.29　除雪试验照片

　　从试验结果看，橡胶颗粒沥青混合料试件表面的积雪在荷载作用下逐渐成层分布，雪层与路面黏结强度很低，只需轻轻用力即可从路面表面剥落［图 5.29（a）和（c）］。普通沥青混合料表面的积雪经压实后，与路面紧密黏结，并在荷载作用下逐渐形成薄冰，难以去除［图 5.29（b）和（d）］。

5.4　橡胶颗粒路面除冰雪效果的适用条件

　　由数值分析和室内模拟试验结果可知，橡胶颗粒沥青路面的除冰雪性能受多种因素影响。橡胶颗粒掺量和面层厚度越大，橡胶颗粒沥青路面的除冰雪效果越好，反之则效果变差。基层类型的变化对橡胶颗粒沥青路面的除冰雪性能影响显著，柔性基层条件下橡胶颗粒路面的除冰雪效果较好。

　　橡胶颗粒路面的除冰雪性能具有一定的适用范围。环境温度过低或路面表面冰层的厚度过大时，橡胶颗粒沥青路面的除冰雪能力明显减弱。其要求温度不低于−12℃，冰层厚度小于 9mm。

第6章 橡胶颗粒沥青路面的施工与使用性能

本书的前几章通过一系列的理论分析和室内外试验，说明了废旧轮胎橡胶颗粒按照一定的工艺添加到沥青混合料中形成的橡胶颗粒沥青混合料具有良好的除冰雪性能。本章将着重介绍两个典型的实体工程，反映橡胶颗粒路面的实际路用性能，总结经验和教训，为更好地使用橡胶颗粒沥青混合料提供有力的帮助。

6.1 实体工程1

6.1.1 工程概况

一级公路，双向2车道，路基全宽12.5m，路面全宽7.5m，其路面结构组合情况如图6.1所示。

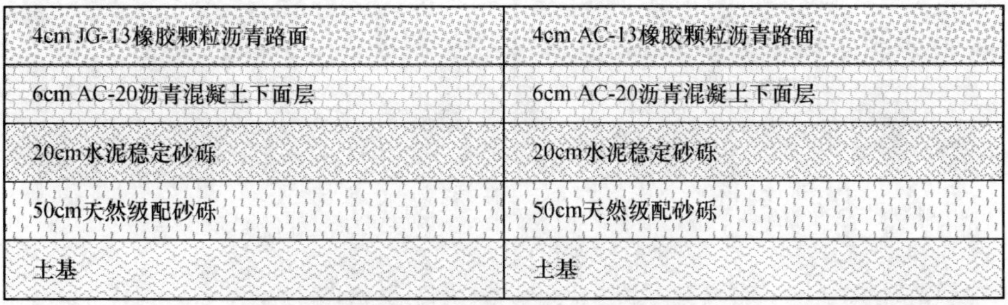

4cm JG-13橡胶颗粒沥青路面	4cm AC-13橡胶颗粒沥青路面
6cm AC-20沥青混凝土下面层	6cm AC-20沥青混凝土下面层
20cm水泥稳定砂砾	20cm水泥稳定砂砾
50cm天然级配砂砾	50cm天然级配砂砾
土基	土基

图6.1 实体工程1的路面结构示意图

根据前期室内研究成果，经过目标配合比和生产配合比设计及生产配合比验证，最终确定实体工程1的生产配合比见表6.1。

表6.1 实体工程1的生产配合比

集料类型	11~16mm	6~11mm	3~6mm	0~3mm	矿粉	橡胶颗粒	沥青用量
比例/%	28	25	14	19	10	4	6.8

路面铺筑完成后进行了取芯抽检，对面层厚度和压实度等进行了检测，检测结果见表6.2。检测结果显示，试验路的压实情况良好，密实度满足规范要求。

表 6.2　取芯检测结果

检测项目	路面厚度/cm	空隙率/%	压实度/%
检测结果	3.7	4.6	97.4

6.1.2　使用性能观测

1. 除冰雪性能

1) 除冰效果

通过实体工程路段的定期观测，对不同积冰厚度和温度等条件下的除冰效果进行了分析；并对橡胶颗粒沥青路面和普通沥青路面的除冰性能进行了对比分析。

通过观测发现，路面冰层厚度较小，环境温度相对较高时（工况一：冰层厚度 2mm，环境温度 −5℃），在行车荷载作用下，橡胶颗粒沥青路面和普通沥青路面表面的冰层均会产生裂纹 [图 6.2（a）和（b）]，裂纹随行车荷载作用次数的增加而扩展，冰层逐渐破碎，并最终从路面表面剥离；但橡胶颗粒沥青路面表面的冰的裂纹出现较早，且裂纹分布密度较大，而普通沥青路面表面的冰的裂纹较少，分布较稀疏。

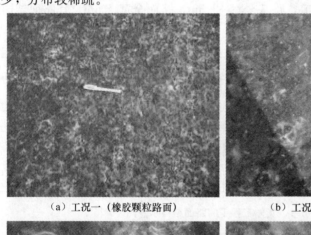

（a）工况一（橡胶颗粒路面）　　　　　　（b）工况一（普通沥青路面）

（c）工况二（橡胶颗粒路面）　　　　　　（d）工况二（普通沥青路面）

（e）冰层状况（橡胶颗粒路面）　　　　　　（f）冰层状况（普通沥青路面）

图 6.2　除冰效果观测照片

随着冰层厚度的增加，温度的降低（工况二：冰层厚度 5mm，环境温度 −10℃），两种路面的除冰效果表现出较大的差异，此时，橡胶颗粒沥青路面表面的冰层仍会出现裂纹和破碎现象，但裂纹和破碎现象仅出现在橡胶颗粒的周围，而普通沥青路面表面的冰层却未见任何变化［图 6.2（c）和（d）］。

观测还发现，橡胶颗粒沥青路面表面的冰层厚度不均匀，橡胶颗粒周围相对较薄，且橡胶颗粒沥青路面表面的冰层与路面的黏结较弱，而普通沥青路面表面的冰层厚度均匀，与路面黏结紧密，难以清除［图 6.2（e）和（f）］。

观测数据显示，橡胶颗粒沥青路面的除冰效果明显好于普通沥青路面；但其除冰效果受冰层厚度、温度等条件的影响，冰层厚度过大或温度过低时，橡胶颗粒沥青路面的除冰效果减弱。这与理论分析和室内模拟试验研究结果一致。

2）抑制积雪效果

在降雪季节，对不同温度和降雪量条件下实体工程路段路面表面的积雪状况进行了观测，分析了积雪与路面的黏结状况及行车荷载作用下路面的露出情况等，并将橡胶颗粒沥青路面和普通沥青路面的积雪情况进行了对比分析。

通过观测发现，降雪量较小且温度相对较高时，在行车荷载的作用下，路面表面的积雪很快融化，橡胶颗粒沥青路面和普通沥青路面的抑制积雪效果没有差别［图 6.3（a）］。

当降雪量较大，路面积雪厚度较大时，在行车荷载作用下，路面表面的积雪被压实，路面完全为积雪所覆盖，两种路面的抑制积雪效果亦没有差别［图 6.3（b）］，但橡胶颗粒沥青路面上的压实雪与路面之间并未冻结，呈块状分布，可以很容易地清除掉，而普通沥青路面表面的积雪与路面却是紧密冻结的［图 6.3（c）和（d）］。

温度相对较低，积雪厚度适中的情况下，路面表面的积雪成层分布，在行车荷载作用下，部分被碾碎并被车轮带起，从路面表面剥离，路面逐渐露出，但橡胶颗粒沥青路面表面较早露出，且路面露出率明显大于普通沥青路面［图6.3（e）］。

通过观测还发现，橡胶颗粒沥青路面表面的积雪厚度分布不均匀，橡胶颗粒周围积雪厚度相对较小，且与路面的黏结较弱［图6.3（f）］。

（a）路面积雪状况（雪层厚度2mm，-5℃）

（b）路面积雪状况（雪层厚度8mm，-5℃）

（c）路面表面与雪层黏结状况（橡胶颗粒路面）

（d）路面表面与雪层黏结状况（普通沥青路面）

（e）路面积雪状况（雪层厚度8mm，-9℃）

（f）橡胶颗粒路面表面积雪分布状况

图6.3　抑制积雪效果观测照片

　　为了精确地评价橡胶颗粒沥青路面的除冰雪性能，采用路面露出率对其进行定量分析。

　　因为路面露出率与测定的时间、冰雪覆盖状况及交通量等密切相关，所以观测时间选择在积雪厚度较小，温度相对适中的时候进行。观测在同一天内的不同时段分两次进行，两次间隔 7h 左右，对于相同路段的普通沥青路面的路面露出率也进行了同期观测。3 个冬季连续对试验路段的路面露出情况进行观测，结果见表 6.3。

表 6.3　路面露出率观测结果

测试时间	第 1 年		第 2 年		第 3 年	
路面类型	试验段	普通路面	试验段	普通路面	试验段	普通路面
观测温度/℃	−8～−12		−10～−15		−9～−12	
路面露出率/%	32/69	13/42	27/56	19/42	21/65	3/38

　　从观测结果可以看出，环境温度和行车荷载作用次数相同条件下，橡胶颗粒沥青路面的露出率明显大于普通沥青路面，且橡胶颗粒沥青路面露出率的增长速度大于普通沥青路面。以 2003 年的观测结果为例，橡胶颗粒沥青路面的初始路面露出率为 32%，第二次观测时的路面露出率为 69%，增长率为 37%；而普通沥青路面的初始路面露出率为 13%，第二次观测时的路面露出率为 42%，增长率为 29%，其他两组观测数据显示了同样的规律性。

　　综合以上观测结果可以看出，与普通沥青路面相比，橡胶颗粒沥青路面试验段显现出良好的除冰雪性能；但其性能受温度、冰雪层厚度等的限制，温度过低或冰雪层厚度过大时，橡胶颗粒沥青路面的除冰雪性能与普通路面没有明显差别。

　　2. 抗滑性能

　　通常路面的抗滑性能被看做是路面的表面特性，并用轮胎与路面间的摩阻系数来表示。路面表面特性包括表面细构造和粗构造。在高速行车条件下，对路面抗滑性能起主要作用的是路面表面粗构造，它是由路表外露集料间形成的构造，通常由构造深度表征。

　　路面的抗滑性能也可以通过实测道路表面摩擦系数进行评价。根据路段事故倍增系数与摆值 FB 的关系，发现摆值 FB＞45 时，事故率趋于极小值；当FB＜35 时，可能发生事故的概率倍增，由此可见，通过对路面摩擦系数变化情况的观测可以在一定程度上了解路面的抗滑安全性能。

　　为了评定路面表面的宏观粗糙度及抗滑性能，研究橡胶颗粒沥青路面抗滑性能的衰减情况，对实体工程进行了定期的观测，并分别采用了摆式摩擦仪测摆值和铺砂法测构造深度两种评价方法。

从表 6.4 的测试结果来看，经过近 3 年的使用，橡胶颗粒沥青路面的抗滑性能呈衰减趋势，但其构造深度和摩擦系数却均保持在规范要求值以上。从构造深度来看，橡胶颗粒沥青路面的构造深度不仅高于规范 0.55mm 的要求，而且远高于相邻的普通沥青路面的 0.37mm；另外，橡胶颗粒沥青路面构造深度的衰减率为 19.2%，而普通沥青路面的衰减率达到了 33.9%。从摩擦系数来看，橡胶颗粒沥青路面和普通沥青路面均呈现衰减的趋势，但橡胶颗粒沥青路面的摩擦系数始终高于普通沥青路面，且橡胶颗粒沥青路面的摩擦系数的衰减率明显小于普通沥青路面，其中橡胶颗粒沥青路面摩擦系数的衰减率为 16.9%，而普通沥青路面为 29.1%。

观测结果显示，与普通沥青路面相比，橡胶颗粒沥青路面的摩擦系数和构造深度均较大，在抗滑方面具有明显的优势。

表 6.4　抗滑性能检测结果

测试时间	第 1 年		第 2 年		第 3 年	
路面类型	试验段	普通路面	试验段	普通路面	试验段	普通路面
构造深度/mm	0.93	0.56	0.80	0.49	0.59	0.37
抗滑系数（摆值）	59	55	56	51	49	39

3. 路面表面状况

路面铺筑完成后，经过近 3 年的使用，总体状况依然良好 ［图 6.4 （a） 和 （b）］；与普通沥青路面相比，橡胶颗粒沥青路面表面粗糙，可以看到表面橡胶颗粒呈突起状 ［图 6.4 （c） 和 （d）］；橡胶颗粒沥青路面表面的颜色相对较深 ［图 6.4 （e）］，使得橡胶颗粒沥青路面较普通沥青路面的光反射量明显降低，从而可以有效防止路面眩光，此种现象在路面潮湿状态下更为明显 ［图 6.4 （f）］。

（a）路面表面状况（橡胶颗粒路面）　　　　（b）路面表面状况（普通沥青路面）

（c）路面粗糙状况（橡胶颗粒路面）　　　　　（d）路面粗糙状况（普通沥青混凝土路面）

（e）路面颜色对比图（干燥状态）　　　　　　（f）路面颜色对比图（潮湿状态）

图 6.4　路面表面状况

4. 弯沉检测

通过弯沉检测，分析了橡胶颗粒加入后对于沥青混合料回弹变形能力的改善效果，并考察了路面结构的强度情况。测试采用贝克曼梁法，测定结果见表 6.5。

表 6.5　路表弯沉数据表

测试时间	第 1 年		第 2 年		第 3 年	
路面类型	试验段	普通路面	试验段	普通路面	试验段	普通路面
代表弯沉值/0.01mm	17	14	16	13	20	17

通过观测数据可以发现，橡胶颗粒沥青路面的弯沉值较普通沥青路面大，原因在于橡胶颗粒的弹性变形能力和柔韧性较强，它的掺入使得路面的可恢复变形能力增强，导致了弯沉数值增大。从弯沉的测定结果看，2003 年和 2004 年橡胶颗粒沥青路面试验段的代表弯沉值分别为 0.17mm 和 0.16mm，均小于设计弯沉值 0.27mm，到了 2005 年，试验段的代表弯沉值为 0.21mm，期间分别增长了

—5.9%和25.0%；而普通沥青路面的代表弯沉值分别增长了—7.1%和30.8%。由此可见，橡胶颗粒沥青路面和普通沥青路面实测弯沉值在通车后的第一年均有所减小，而此后逐年增大，路面整体强度随使用年限的增加而下降，这基本符合半刚性基层沥青路面的一般规律：在竣工的初期，由于半刚性基层材料强度的增长和交通荷载的压密作用，路面整体强度有所增加，路面弯沉减小；在此之后，随使用年限的增加，荷载及环境因素的综合作用使路面结构内部的微观缺陷扩展，小范围的局部破损开始形成，导致路面整体强度下降，弯沉增大。但两种路面的弯沉增长规律有所不同，普通沥青路面弯沉的增长速率随使用年限的增加而逐渐变大，而橡胶颗粒沥青路面弯沉的增长速率在初期增长较快，但随使用年限的增加，弯沉增长速率逐渐减弱。

弯沉数据的统计结果也表明，经过近3年的使用，橡胶颗粒沥青路面和普通沥青路面的整体强度下降，但橡胶颗粒沥青路面的强度衰减相对较小，说明橡胶颗粒沥青路面的耐久性能较好。

5. 其他

平整度是路面施工质量和服务水平的重要指标之一，其测试方法分为断面类和反应类。采用国内最常用的3m直尺法，每100m连续抽检10尺，记录每一尺的最大值，结果见表6.6。

表6.6　路面性能检测数据表

测试时间	第1年		第2年		第3年	
路面类型	试验段	普通路面	试验段	普通路面	试验段	普通路面
平整度/mm	1.8	1.0	2.2	1.4	1.4	1.2
车辙深度/mm	—	—	—	—	1.64	1.88
裂缝率/%	0	0			0.17	0.46
平均裂缝间距/m	无裂缝	无裂缝	—	—	35	20

统计结果表明，随使用年限的增加，橡胶颗粒沥青路面与普通沥青路面的平整度均呈现先衰减后趋于稳定的趋势，且橡胶颗粒沥青路面平整度的变化更为剧烈。需要说明的是，橡胶颗粒沥青路面的平整度虽然劣于普通沥青路面，但由于橡胶颗粒沥青路面表面的不平整主要是由突出的橡胶颗粒引起的，而橡胶颗粒具有良好的弹性变形性能，因此，对车辆造成的附加振动作用和行车颠簸较弱，由此引发的对路面的冲击力亦较小，不会影响行车的舒适性，亦不会加剧路面的破坏。相反，橡胶颗粒的存在，增加轮胎与路面的摩擦力，使行车更安全，尤其是路面潮湿或高速行车条件下，其作用更为突出。

通过对车辙深度和路面裂缝状况的调查可以发现，橡胶颗粒沥青路面的车辙深度相对较小，裂缝率较低，平均裂缝间距较大，其裂缝间距最大的可达 80m。由此可见，橡胶颗粒沥青路面的抗高温永久变形性能和低温抗裂性能均好于普通沥青路面。

6.2 实体工程 2

6.2.1 工程概况

城市快速路，双向 4 车道，其中橡胶颗粒沥青路面宽 8m，路面结构如图 6.5 所示。橡胶颗粒路面的生产配合比见表 6.7。铺筑完成后，对面层厚度和压实度等的检测结果见表 6.8。

4cm JG-16橡胶颗粒沥青路面	4cm AC-16普通沥青路面
5cm AC-25沥青混凝土中面层	5cm AC-25沥青混凝土中面层
6cm AC-30沥青混凝土下面层	6cm AC-30沥青混凝土下面层
30cm三灰碎石	30cm三灰碎石
18cm二灰土	18cm二灰土
16cm窖灰土	16cm窖灰土
土基	土基

图 6.5 实体工程 2 的路面结构示意图

表 6.7 实体工程 2 的生产配合比

规格	级配	10～20mm	5～10mm	石屑	天然砂	矿粉	橡胶颗粒	沥青用量
比例/%	JG-16	18	47	11	10	10	4	7.0
	AC-16	33	20	24	12	7	4	6.0

表 6.8 取芯检测结果

检测项目	路面厚度/cm		空隙率/%		压实度/%	
级配类型	JG-16	AC-16	JG-16	AC-16	JG-16	AC-16
测试值	4.5	3.4	5.1	11.6	96.9	93.7

6.2.2 使用性能观测

1. 除冰雪性能

观测发现，普通沥青路面表面的冰层几乎没有任何变化，仅在个别位置出现了极少量的裂纹［图6.6（a）］；橡胶颗粒沥青路面表面的冰层出现明显的裂纹，裂纹分布密度大，且在橡胶颗粒的周围，冰层出现明显的破碎现象［图6.6（b）］。

（a）路面表面与冰层黏结状况（普通沥青路面）　（b）路面表面与冰层黏结状况（橡胶颗粒路面）

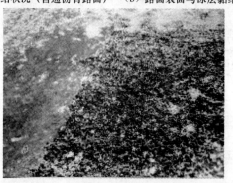

（c）冰层黏结状况对比图

（d）路面积雪状况（普通沥青路面）　　　　（e）路面积雪状况（橡胶颗粒路面）

图6.6　除冰雪效果观测照片

从图6.6（c）可以看出，在路面积雪情况下，经过行车荷载的碾压，普通沥青路面表面的积雪与路面紧密黏结，难以清除；而橡胶颗粒沥青路面表面的积雪与路面并未黏结，可以很容易地清除。随着温度的变化和车辆荷载的继续作用，普通沥青路面表面的积雪逐渐形成薄冰，使路面表面非常光滑，抗滑性能急剧降低，而橡胶颗粒沥青路面表面的积雪却仍呈现松散状，路面抗滑性能未受大的影响〔图 6.6（d）和（e）〕。综合来看，橡胶颗粒沥青路面试验段的除冰雪性能明显好于普通沥青路面。

2. 抗滑性能

对路面表面的构造深度和摩擦系数进行了测定，检测结果见表 6.9。

表 6.9　抗滑性能检测结果

路面类型	橡胶颗粒沥青路面		普通沥青路面
级配类型	JG-16	AC-16	AC-16
构造深度/mm	0.71	0.67	0.57
抗滑系数（摆值）	56	55	53

结果显示，橡胶颗粒沥青路面的构造深度和摩擦系数均大于普通路面，说明橡胶颗粒路面的抗滑性能优于普通沥青路面；对于橡胶颗粒沥青路面而言，采用间断级配的路面的抗滑性能相对好于连续级配路面。

3. 路面表面状况

通过路面表面状况的观测可以发现，橡胶颗粒沥青路面的颜色相对较深，路面防眩光效果明显〔图 6.7（a）〕。

（a）路面状况对比图　　　　　　　　　　（b）橡胶颗粒沥青路面

图 6.7　试验路表面状况

定期观测结果显示，随使用年限的增长，橡胶颗粒沥青路面表面局部出现颗粒脱落现象，橡胶颗粒凸出路面表面〔图 6.7（b）〕，采用连续级配的路面表面的颗粒脱落现象相对较严重。

4. 其他

在使用过程中，还对实体工程路段的弯沉和路面开裂状况等进行了观测分析。在进行弯沉测定时，首先在中面层铺筑完成后，对上面层（采用试验材料）铺筑前的弯沉进行了测定；上面层铺筑完成后再次测定弯沉值。试验采用贝克曼梁法，测定结果如图 6.8 所示。

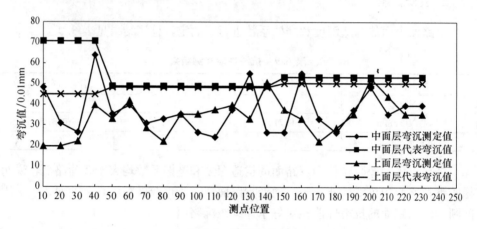

图 6.8　路表弯沉值

由测定结果可以看出，上面层铺筑完成后，普通沥青路面的回弹弯沉值呈现减小的趋势，这符合路面强度的变化规律；而橡胶颗粒沥青路面的回弹弯沉值不但没有减小，甚至有所增大，这就说明橡胶颗粒掺入后，由于橡胶颗粒本身的高弹性能和柔韧性，使混合料的可恢复变形能力增强，这对于改善沥青混合料的高温抗变形能力和低温柔韧性能都是有利的。

弯沉数据的统计结果也表明，随使用年限的增加，橡胶颗粒沥青路面和普通沥青路面的弯沉呈现先减小后增大的趋势，这符合半刚性路面的强度增长规律，但橡胶颗粒沥青路面的强度变化幅度相对较小，说明橡胶颗粒沥青路面的耐久性能较好。

通过对路面裂缝状况的调查发现，橡胶颗粒沥青路面没有裂缝出现，而普通沥青路面表面出现间距为 30m 左右的横向裂纹。由此可见，橡胶颗粒沥青路面的低温抗裂性能好于普通沥青路面。

6.3　实体工程的综合对比分析

通过对两条实体工程路段的使用性能的观测发现，与普通沥青路面相比，橡胶颗粒沥青路面表现出良好的抑制冰雪性能和抗滑性能；其高温抗车辙性能较好，路面开裂率较低，裂缝间距较大，表现出良好的高温稳定性和低温柔韧性。

但两条实体工程路段在耐久性方面表现出了差异，实体工程 1 经过近 3 年的使用，目前路面状况仍然保持良好，而实体工程 2 在使用一年后即发生局部颗粒脱落现象（图 6.9）。

（a）实体工程1　　　　　　　　　　　　（b）实体工程2

图 6.9　实体工程路面表面状况对比图

通过分析发现，两条实体工程路段在耐久性上表现出的差异，主要是因为选用了不同的橡胶颗粒，其中实体工程 1 的橡胶颗粒形状接近立方体，硬度相对较大，实体工程 2 选用的橡胶颗粒形状不规则，细长扁平颗粒含量较高，硬度较小，其具体情况如图 6.10 和表 6.10 所示。

（a）实体工程1　　　　　　　　　　　　（b）实体工程2

图 6.10　实体工程用橡胶颗粒

表 6.10　橡胶颗粒的技术参数

项　　目	实体工程 1	实体工程 2
密度/(g/cm³)	1.152	1.160
扁平状颗粒含量/%	0	30
邵尔 A 型硬度	62	49

　　由于实体工程 2 采用的橡胶颗粒形状不规则，细长扁平颗粒含量较高，加入沥青混合料后，受颗粒形状的影响，其与石料间的嵌锁作用较弱，压实过程中较难充分就位，使混合料的压实困难；即使在较大的外力作用下碾压成型，在外力去除后，由于橡胶颗粒的弹性回复，也极易造成混合料的骨架被撑开，从而造成混合料内部的损伤和缺陷，在车辆荷载和外界环境条件的综合影响下，路面产生局部颗粒脱落现象。

　　另外，由于实体工程 2 采用的橡胶颗粒的硬度较小，回弹变形相对较大，形成的混合料的结构稳定性相对较差，在外荷载作用下，混合料内部的"石-橡胶颗粒-石"嵌挤结构由于橡胶颗粒的弹性变形而不断受到扰动，造成了混合料的骨架结构被逐渐撑开，局部位置的颗粒逐渐从路面表面脱落，并不断向外扩展，也加剧了路面表面颗粒脱落的进程。

　　综合两条实体工程路段的使用情况发现，橡胶颗粒沥青路面的除冰雪性能和抗滑性能等均明显优于普通沥青路面。但其除冰雪性能受温度和冰雪层厚度等外界条件的限制。在级配设计和施工合理的情况下，橡胶颗粒沥青路面还会表现出良好的高温稳定性和低温柔韧性。橡胶颗粒的形状特性和力学性能对路面的使用耐久性影响重大，在实际使用过程中必须严格控制橡胶颗粒的硬度和细长扁平颗粒的含量，尽可能选择颗粒形状接近立方状、硬度较大的橡胶颗粒。

第 7 章　橡胶颗粒路面的施工与质量管理

橡胶颗粒沥青路面良好路用性能的获得，不但依靠于橡胶颗粒沥青混合料适当的级配组成，同时，在很大程度上取决于混合料的施工质量。

为确保橡胶颗粒路面的施工质量，使铺筑的橡胶颗粒路面坚实、平整、稳定、耐久，具有良好的使用性能，需要对橡胶颗粒沥青路面的施工质量进行控制与管理。良好的施工与质量控制是延长路面使用寿命，提高公共资产投资效益，增强道路服务功能的重要保障。

根据橡胶颗粒沥青混合料室内成型工艺研究结果，通过试拌试铺，对橡胶颗粒沥青混合料的厂拌工艺、松铺系数和碾压工艺进行了研究，探索了橡胶颗粒沥青路面的施工工艺。

本章内容涉及橡胶颗粒沥青混合料施工与质量管理，包括原材料的存放和处理、混合料的拌制、运输、摊铺、碾压及质量控制与质量保证等。

7.1　橡胶颗粒路面的施工

7.1.1　概述

橡胶颗粒路面的施工必须有详细的施工组织设计。橡胶颗粒路面不得在雨天施工，当施工中遇雨时，应停止施工。雨季施工时必须切实做好路面排水。橡胶颗粒路面不宜在气温低于 20℃ 条件下施工。橡胶颗粒路面施工除应符合本书的相关规定外，尚应符合国家颁布的现行有关标准、规范的规定。

7.1.2　原材料的存放与处理

橡胶颗粒沥青混合料的质量控制始于原材料，包括集料、黏结材料和橡胶颗粒等。

1. 橡胶颗粒的存放与处理

橡胶颗粒的内包装材料应为密封防潮材料，外包装材料可由供需双方协商确定。

橡胶颗粒在运输过程中应有遮盖物，避免受潮、结团。严禁与酸、碱、油和其他影响产品质量的物质一起储存和运输。

橡胶颗粒应存放在室内或有棚盖的地方，储存环境温度应低于 50℃，距热源 1m 以上，并离地面、墙壁一定距离。

在满足上述储存条件要求的条件下，产品自交货之日起 45d 内，其性能应符合相关技术指标的规定要求。

2. 集料的存放与处理

集料应该存放在一个干净、干燥、稳定的平面上，严禁泥土污染集料。集料不得堆放在泥土地上，集料存放场地及场内道路应作修整硬化处理，并可自由排水，这样既可以有效防止集料的污染，确保集料的含水率最低，同时也可提供一个坚实的工作平台。

不同规格的集料应分开堆放，必要时可用隔墙设施予以分隔。如果发生混料现象，易造成间歇式拌和设备的热料仓内集料数量的不平衡，进而造成热拌混合料级配的波动。

离析是集料堆放时常出现的问题。为了有效预防离析，集料进场宜在料堆顶部平台卸料，料堆应尽可能堆成水平的或者稍微倾斜的平面。应尽量避免从料堆一侧装或卸集料的做法，在料堆的各个方向装载集料，并以垂直的方向倒入料堆中。铲运机应从底部按顺序竖直装料。运料车和铲运机应和料堆保持一定的距离以避免压碎集料和污染料堆。

细集料和填料堆放场地应设防雨顶棚，防止材料受潮，影响混合料的品质。此外，细集料或砂中的含水率过大，将增加干燥集料的成本和降低拌和设备的生产效率。

沥青胶结料一般为符合路用等级要求的非改性沥青或改性沥青，用保持适当温度的沥青罐储存。

7.1.3　橡胶颗粒沥青混合料的拌制

热拌橡胶颗粒沥青混合料必须在沥青拌和厂（场、站）采用拌和机械拌制。拌和厂（场、站）与工地现场距离应充分考虑交通堵塞的可能，确保混合料的温度下降不超过要求，且不致因颠簸造成混合料离析。拌和厂应具有完备的排水设施。

橡胶颗粒沥青混合料的拌制宜采用间歇式拌和机。拌和机械的基本要求是严格按照设计比例加热集料与沥青，拌和生产满足混合料生产配合比要求的橡胶颗粒沥青混合料。

间歇式拌和机总拌和能力满足施工进度要求。拌和机除尘设备完好，能达到环保要求。冷料仓的数量满足配合比需要，一般应为 5～6 个，且具有添加橡胶颗粒的设备，实现橡胶颗粒的自动化投放，但严禁使用橡皮带传送。

为了提高混合料的拌和水平，高速公路和一级公路施工用的间歇式拌和机必须配备计算机设备，拌和过程中逐盘采集并打印各个传感器测定的材料用量和沥青混合料拌和量、拌和温度等各种参数，每个台班结束时打印出一个台班的统计量，按《公路沥青路面施工技术规范》（JTG F40—2004）附录 G 的方法，进行沥青混合料生产质量及铺筑厚度的总量检验，总量检验的数据有异常波动时，应立即停止生产，分析原因。路面铺装中常用的间歇式拌和机主要部件组成如图 7.1 所示。

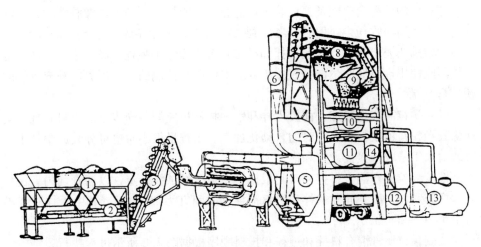

图 7.1　间歇式拌和设备部件组成示意图

1. 冷料仓；2. 冷料送料器；3. 冷料提升机；4. 干燥鼓；5. 集尘器；6. 排气烟囱；7. 热料提升器；
8. 筛屏单元；9. 热料仓；10. 称料仓；11. 拌和单元或强制式拌和机；12. 矿质填料储仓；
13. 热沥青胶结料储存罐；14. 沥青称重桶

集料与沥青混合料取样应符合现行试验规程的要求。从沥青混合料运料车上取样时必须设置取样台分几处采集一定深度下的样品。

沥青加工及沥青混合料施工温度应根据沥青标号及黏度、气候条件、铺装层的厚度确定。烘干集料的残余含水量不得大于 1%。每天开始几盘集料应提高加热温度，并干拌几锅集料废弃，再正式加沥青拌和混合料。

非改性沥青结合料的施工温度宜通过在 135℃ 及 175℃ 条件下测定的黏度-温度曲线按表 7.1 的规定确定。缺乏黏温曲线数据时，可参照《公路沥青路面施工技术规范》（JTG F40—2004）选择，并根据实际情况确定使用高值或低值。聚合物改性沥青混合料的施工温度根据实践经验并参照《公路沥青路面施工技术规范》（JTG F40—2004）选择。对采用冷态胶乳直接喷入法制作的改性沥青橡胶颗粒混合料，集料烘干温度应进一步提高。当表中温度与实际情况不符时，容许作适当调整。由于需要加入一定量冷的橡胶颗粒，其中沥青和矿料的加热温度宜较规范规定的要求相应提高 10～20℃，具体根据沥青胶结料的种类而定。

表 7.1　沥青混合料拌和及压实的适宜温度的确定

黏　度	适宜于拌和的沥青结合料黏度	适宜于压实的沥青结合料黏度	测定方法
表观黏度/(Pa·s)	0.17±0.02	0.28±0.03	T 0625
运动黏度/(mm²/s)	170±20	280±30	T 0619
赛波特黏度/s	85±10	140±15	T 0623

　　拌和机的矿粉仓应配备振动装置以防止矿粉起拱。原则上，橡胶颗粒沥青混合料不能使用回收粉尘，但是，考虑到实际生产效率的需要，结合实际经验，回收粉尘中的非泥土部分，因此，拌和机必须有二级除尘装置，经一级除尘部分可直接回收使用，二级除尘部分直接废弃。对因除尘造成的粉料损失应补充等量的新矿粉。

　　橡胶颗粒需在矿粉加入前投入拌和锅。拌和机应配备同步添加投料装置，实现橡胶颗粒在粗集料投入同时的自动化加入。工程量很小时也可分装成塑料小包装或由人工量取直接投入拌和锅。

　　橡胶颗粒沥青混合料拌和时间根据具体情况经试拌确定，以沥青均匀裹覆集料和橡胶颗粒为度。间歇式拌和机每锅拌和时间宜为 70～80s（其中干拌时间不得少于 20～25s）。

　　橡胶颗粒沥青混合料拌和过程和投料顺序根据图 7.2 所示过程执行。

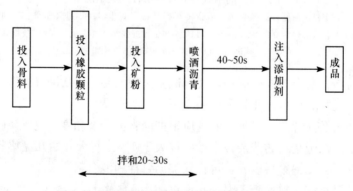

图 7.2　橡胶颗粒沥青混合料投料及拌和示意图

　　间歇式拌和机的振动筛规格应与矿料规格相匹配，最大筛孔宜略大于混合料的最大粒径，其余筛的设置应考虑混合料的级配稳定，并尽量使热料仓大体均衡，不同级配混合料必须配置不同的筛孔组合。

　　使用改性沥青时应随时检查沥青泵、管道、计量器是否受堵，堵塞时应及时清洗。

橡胶颗粒沥青混合料宜随拌随用。从拌和机向运料车上装料时，应通过前后移动运料车，平衡装料，以减少混合料的离析。采用尾卸式卡车运料时，一车料最少应分三次装载，第一次料堆放在卡车车斗前部，第二次料堆放在车斗的尾部，而第三次料堆放在前两个料堆的中间。对于大型运料车，可分多次装载。当分为五次装载时，第一次料堆放在卡车车斗前部，第二次料堆放在车斗的尾部，第三次料堆放在两个料堆的中间，而第四、五次料分别堆放在第一个与第三个料堆、第二个与第三个料堆的中间。

橡胶颗粒沥青混合料出厂时应逐车检测混合料的重量和温度，记录出厂时间，签发运料单。

7.1.4　橡胶颗粒沥青混合料的运输

热拌橡胶颗粒沥青混合料宜采用较大吨位的运料车运输，但不得超载运输。运料车的运力应稍有富余，运输车辆的数量应与摊铺机的数量、摊铺能力、运输距离相适应，在摊铺机前应形成一个不间断的供料车流。对高速公路、一级公路，宜待等候的运料车多于5辆后开始摊铺。

运料车应是金属车身，车厢内表面应平整不应有凹陷，以防止隔离润滑剂或橡胶颗粒沥青混合料残集在这些位置。

运料车每次使用前后必须清扫干净，清除车厢内的有害材料，包括清除车厢内残留的混合料余料。车厢清理干净以后，须在车厢板上涂上隔离剂或防粘剂，以防止车厢粘料。隔离润滑剂可采用非石油基材料（如石灰水、肥皂水或聚硅树脂等其他商业性产品）。隔离润滑剂应均匀喷洒在车厢体的侧面和底部，但不得有余液积聚在车厢底部。

严禁将柴油用作车厢的隔离润滑剂，原因在于橡胶颗粒在高温时接触石油馏出物时黏性会增加，而且柴油可能会对混合料产生有害影响，进而导致完工后的橡胶颗粒沥青混合料面层出现松散和坑槽破坏。此外，由于柴油的挥发或渗入地面，还会引发环境问题。

橡胶颗粒沥青混合料在运输过程中应采用防水、保温、防污染的篷布遮盖，篷布应覆盖整个运料车，能够完全拉紧并系牢固，保证覆盖混合料顶部并延伸至车厢侧面和末端下至少30cm。有研究表明，在运输过程中，如果篷布不能延伸盖住车厢侧面，篷布下的气流将加速混合料的冷却。此外，雨天从篷布上滴下的雨水会落入运料车车厢内。

在条件允许的情况下，运料车车厢的侧面和底部应进行保温处理。保温材料应紧贴车厢，不应存在空隙，否则易导致保温效果下降。级配较粗的橡胶颗粒沥青混合料较细级配混合料温度下降速度更快，并且含有聚合物的混合料冷却时，其硬化速度会加剧。一辆保温良好的运料车有利于最大限度地减少混合料的温度损失。

运料车进入摊铺现场时，轮胎上不得沾有泥土等可能污染路面的脏物，否则宜设水池洗净轮胎后进入工程现场。在摊铺现场，运料车严禁急刹车、急弯掉头，以免使透层、封层造成损伤。

橡胶颗粒沥青混合料在摊铺地点凭运料单接收，若混合料不符合施工温度要求，或已经结成团块、已遭雨淋的不得铺筑。

摊铺过程中运料车应在摊铺机前 100～300mm 处停住，空挡等候，由摊铺机推动前进开始缓缓卸料，避免撞击摊铺机。向摊铺机料斗内卸料应尽可能是大块成团的混合料而不是零星的粗集料。对于尾卸式运料车，在打开尾门向摊铺机卸载混合料以前，应将车厢稍微向上顶起一小段距离使混合料向后移动并在车厢内转移，滑移靠近后挡板。这种做法可以使离析的粗集料重新与混合料结合成团，并使在后挡板打开后混合料大块成团地卸入摊铺机料斗内。对于自卸式运料车，应在打开尾门前几秒钟启动传送带。

在有条件时，运料车可将混合料卸入转运车经二次拌和后向摊铺机连续均匀的供料。运料车每次卸料必须倒净，尤其是对采用改性沥青的橡胶颗粒沥青混合料，如有剩余，应及时清除，防止硬结。

7.1.5　热拌橡胶颗粒沥青混合料的摊铺

橡胶颗粒沥青混合料的摊铺宜采用高密度摊铺机摊铺。在喷洒有粘层油的路面上铺筑改性沥青橡胶颗粒沥青混合料时，宜使用履带式摊铺机。摊铺机的受料斗应涂刷薄层隔离剂或防粘结剂。

铺筑高速公路、一级公路时，一台摊铺机的铺筑宽度不宜超过 6（双车道）～7.5m（3 车道以上），通常宜采用两台或更多台数的摊铺机前后错开 10～20m 成梯队方式同步摊铺，两幅之间应有 30～60mm 宽度的搭接，并躲开车道轮迹带，上下层的搭接位置宜错开 200mm 以上。

摊铺机开工前应提前 0.5～1h 预热熨平板至不低于 100℃。铺筑过程中应选择熨平板的振捣或夯锤压实装置具有适宜的振动频率和振幅，以提高路面的初始压实度。熨平板加宽连接应仔细调节至摊铺的混合料没有明显的离析痕迹。

为了保证路面的平整度，减少混合料的离析，摊铺机必须缓慢、均匀、连续不间断地摊铺，不得随意变换速度或中途停顿。由于橡胶颗粒沥青混合料生产时拌和机生产率降低，摊铺机供料不足的问题比较突出，为保证摊铺机的不间断均匀摊铺，摊铺速度要慢一些，一般摊铺速度宜控制在 3～4m/min 的范围内。对改性沥青橡胶颗粒沥青混合料宜放慢至 1～3m/min。当发现混合料出现明显的离析、波浪、裂缝、拖痕时，应分析原因，予以消除。

摊铺机应采用自动找平方式，宜采用平衡梁或雪橇式摊铺厚度控制方式。直接接触式平衡梁的轮子不得黏附沥青。铺筑改性沥青橡胶颗粒路面时宜采用非接触式平衡梁。

施工气温不宜低于 20℃。必须摊铺时，应采取一系列的措施，具体措施可参见《公路沥青路面施工技术规范》（JTG F40—2004）的规定，且施工气温不得低于 15℃。每天施工开始阶段宜采用较高温度的混合料。

沥青混合料的松铺系数应根据混合料类型由试铺试压确定，一般宜取 1.25～1.30。摊铺过程中应随时检查摊铺层厚度及路拱、横坡，并按《公路沥青路面施工技术规范》（JTG F40—2004）附录 G 的方法由使用的混合料总量与面积校验平均厚度。

摊铺机的螺旋布料器应根据摊铺速度调整到一个稳定的速度均衡地转动，两侧应保持有不少于送料器 2/3 高度的混合料，以减少在摊铺过程中混合料的离析。

用机械摊铺的混合料，不宜用人工反复修整。当不得不由人工作局部找补或更换混合料时，需仔细进行，特别严重的缺陷应整层铲除。当混合料人工铺撒在合适的位置后，必须尽快进行压实，这是因为人工摊铺混合料需要更长的时间，混合料的温度下降更明显。为了保证压实效果，必要时可增加碾压次数。

在雨季铺筑橡胶颗粒沥青路面时，应加强气象联系，已摊铺的橡胶颗粒沥青面层因遇雨未经压实的应予铲除。

7.1.6　橡胶颗粒路面的碾压成型

橡胶颗粒使路面有弹性，碾压比较困难，空隙率增大，会产生较大的负面影响。此外，由于橡胶颗粒的加入，使得橡胶颗粒沥青混合料在高温状态下对轮胎的黏性大大增加，而且碾压完成后橡胶颗粒存在一定程度的回弹，因此，碾压工艺与普通沥青混合料有所不同。

橡胶颗粒沥青路面施工应配备足够数量的压路机，选择合理的压路机组合方式及初压、复压、终压（包括成型）的碾压步骤，以达到最佳碾压效果。高速公路铺筑双车道沥青路面的压路机数量不宜少于 5 台。施工气温低、风大、碾压层薄时，压路机数量应适当增加。

热拌橡胶颗粒沥青混合料的压实应分以下两个阶段进行。

第一阶段：在温度不低于 115℃ 的条件下，运用双轮钢筒式压路机（10～12t）、轮胎压路机和振动压路机的适当组合进行初压和复压。通常，第一阶段碾压宜采用水平振荡压路机。

第二阶段：在 70～80℃ 条件下，采用轮胎压路机（18～26t）碾压 2 遍；然后在不低于 65℃ 条件下采用钢轮压路机静压 1～2 遍，具体参见表 7.2。

表7.2　压路机碾压速度　　　　　　　　（单位：km/h）

压路机类型	初压		复压		终压	
	适宜	最大	适宜	最大	适宜	最大
钢筒式压路机	1.5～2	3	—	—	2.5～3.5	5
轮胎压路机	—	—	3.5～4.5	5	—	—
振动压路机	1.5～2 （静压或振动）	3 （静压或振动）	4～5 （振动）	5 （振动）	2.5～3.5 （静压）	5 （静压）

第一阶段碾压后压实度达到94％即为满足要求，第二阶段碾压后的压实度应达97％以上。

压路机应以慢而均匀的速度碾压，压路机的碾压速度应符合表7.2的规定。压路机的碾压路线及碾压方向不应突然改变而导致混合料推移。碾压区的长度应大体稳定，两端的折返位置应随摊铺机前进而推进，横向不得在相同的断面上。压路机的碾压遍数必须在整个面层上均匀分布，以保证面层边缘处的压实效果。

橡胶颗粒沥青混合料的压实温度应符合表7.2的要求，并根据沥青品种、压路机类型、气温、铺筑层厚度和混合料类型等情况经试压确定。

初压应紧跟摊铺机后进行，并保持较短的初压区长度，以尽快使表面压实，减少热量散失，并不得产生推移、裂缝等。碾压时应将压路机的驱动轮面向摊铺机，从外侧向中心碾压，在超高路段则由低向高碾压，在坡道上应将驱动轮从低处向高处碾压。

橡胶颗粒沥青混合料的初压不宜采用轮胎压路机进行，其原因在于橡胶颗粒沥青混合料的黏性较高，且混合料运输到现场并摊铺后的温度仍然很高，此时混合料依然保持着高黏性，因而非常容易被压路机带起，并在路面上形成油斑。而采用钢轮压路机进行初压，并通过振动使集料充分就位，易形成稳定结构；当温度降低至某一温度后，再采用轮胎压路机进行搓揉，可有效抑制橡胶颗粒的回弹，进一步巩固混合料稳定结构的形成，增加碾压混合料的密实性。

初压后应检查平整度、路拱，有严重缺陷时进行修整乃至返工。

碾压前，应将压路机的轮胎清理干净，并涂刷少量隔离剂或防粘结剂。在整个碾压过程中，轮胎压路机不可洒水。轮胎压路机轮胎外围宜加设围裙保温。

采用不同型号的压路机组合碾压时宜安排每一台压路机作全幅碾压，防止不同部位的压实度不均匀。

对路面边缘、加宽及港湾式停车带等大型压路机难以碾压的部位，宜采用小型振动压路机或振动夯板作补充碾压。

压路机不得在未碾压成型路段上转向、调头、加水或停留。在当天成型的路面上不得停放各种机械设备或车辆，不得散落矿料、油料等杂物。

除上述的要求外，热拌橡胶颗粒沥青混合料的压实及成型应符合《公路沥青路面施工技术规范》（JTG F40—2004）的相关规定。

表 7.3 橡胶颗粒沥青路面施工工艺

拌和	温度/℃	沥青加热	提高 10~20		
		矿料加热	190~200		
		混合料拌和	提高 10~20		
	时间/s	干拌时间	20~25		
		总的拌和时间	70~80		
摊铺	温度/℃		≥140		
	松铺系数		1.25~1.30		
	工艺	全宽摊铺机，整幅摊铺； 摊铺机具有自动调节摊铺厚度及找平装置； 具有足够容量的受料斗，能够保证连续摊铺； 具有可加热的振动熨平板或振动夯等初步压实装置			
碾压	工艺	第一阶段：双轮钢筒式压路机碾压 2 遍；轮胎压路机或振动压路机（振动频率 45Hz，振幅 0.4~0.6mm）碾压 2 遍； 第二阶段：轮胎压路机（20~25t）碾压 2 遍；双轮钢筒式压路机碾压 2 遍			
	顺序	初压	复压		终压
	机械	双轮钢筒式压路机	振动压路机	轮胎压路机	双轮钢筒式压路机
	速度/(km/h)	1.5~2	4~5	3.5~4.5	2.5~3.5
	温度/℃	≥135	≥115	70~80	≥65

注：沥青的加热温度和混合料的拌和温度应较普通沥青混合料高 10~20℃，具体依沥青品种而定。

7.1.7 接缝

橡胶颗粒沥青路面的施工必须接缝紧密，连接平顺，不得产生明显的接缝离析。上下层的纵缝应错开 150mm（热接缝）或 300~400mm（冷接缝）以上。相邻两幅及上下层的横向接缝均应错位 1m 以上。接缝施工应用 3m 直尺检查，确保平整度符合要求。

摊铺时采用梯队作业的纵缝应用热接缝，将已铺部分留下 100~200mm 宽暂不碾压，作为后续部分的基准面，然后作跨缝碾压以消除缝迹。

当半幅施工或因特殊原因而产生纵向冷接缝时，摊铺时宜在边部加设挡板，或在最后一遍碾压时，在压路机上加设切刀，在碾压的同时将边缘切齐，也可在混合料尚未完全冷却前用镐刨除边缘留下毛茬的方式，但不宜在冷却后采用切割机作纵向切缝。

对于纵向冷接缝，在接缝处的新铺混合料的高程必须高于已压实混合料的高程，通常每 25mm 厚的压实面层上的新混合料的厚度应增加 6mm。纵缝压实最有效的方法是由压路机从新铺混合料面层上骑缝碾压完成，压路机的钢轮与旧面层重叠大约 150mm。

　　橡胶颗粒沥青路面一般是做在表面层的，横向接缝做得好与不好，对平整度影响较大。为提高平整度，橡胶颗粒沥青路面表面层横向接缝应采用垂直的平接缝。平接缝宜趁混合料尚未冷透时用凿岩机或人工垂直刨除端部层厚不足的部分，使工作缝成直角连接。当采用切割机制作平接缝时，宜在铺设当天混合料冷却但尚未结硬时进行。刨除或切割不得损伤下层路面。切割时留下的泥水必须冲洗干净，待干燥后涂刷粘层油。铺筑新混合料接头应使接茬软化，压路机先进行横向碾压，再纵向碾压成为一体，充分压实，连接平顺。

7.1.8　开放交通及其他

　　热拌橡胶颗粒路面应待摊铺层完全自然冷却，混合料表面温度低于 50℃ 后，方可开放交通。

　　雨季施工应符合下列要求：

　　（1）注意天气预报，加强工地现场与沥青拌和厂的联系，缩短施工长度，各项工序紧密衔接。

　　（2）运料汽车和工地应备有防雨设施，并做好基层及路肩的排水措施。

　　（3）当遇雨或下层潮湿时，不得摊铺橡胶颗粒沥青混合料，对未经压实即遭雨淋的混合料，应全部清除，更换新料。

7.2　施工质量管理与检查验收

　　橡胶颗粒沥青混合料路面施工的质量管理与检查验收（马歇尔稳定度和流值检验除外）应按《公路沥青路面施工技术规范》（JTG F40—2004）的规定进行。

　　沥青及混合料的性质应采用《公路工程沥青及沥青混合料试验规程》（JTJ 052—2000）中的有关试验方法进行检测，其技术指标应符合《公路沥青路面施工技术规范》（JTG F40—2004）的规定。

　　橡胶颗粒沥青路面在施工前应铺筑试验段，试验段的长度一般不宜小于 200m。通过混合料的试拌试铺，验证沥青混合料生产配合比设计，提出生产用的标准配合比和最佳沥青用量，确定拌和机的操作工艺，考察计算机打印装置的可信度。通过试验段的铺筑，确定摊铺、压实工艺，确定松铺系数等，了解整个施工的全过程，检验各种施工机械的类型、数量及组合方式是否匹配，确定所有的施工参数。

7.2.1　原材料质量检验

　　1. 橡胶颗粒的质量检验

　　1）抽样方案

　　随机抽取的橡胶颗粒样品的包数不应小于表 7.4 给出的值。每包取样数量均匀，取样总量不小于 1500g。

表 7.4　抽样的最小数量

总体物料包数	选取最小包数
0～100	3
100～500	6
500 以上	9
以吨包装的橡胶颗粒的抽样数量按供货商和客户的协议标准执行	

2）试样的采集方法

从抽取的样品橡胶颗粒包装袋的缝合处，用带柄的不锈钢采样勺以每包大约均等的数量取样于样品容器中，取样后将包装袋口缝合，将从各样品包中采集的胶粉样品在容器内混合，以获得均匀的试样。

3）判定规则

按技术要求进行检验，受检项目如有一项不符合时，应另取双份试样对不符合项目进行复检，复检仍不符合时，则该批产品不合格。

表 7.5　废旧轮胎橡胶颗粒的技术指标要求

试验项目	指　标
原材料	胎面胶
粒径及其分布/mm	实测结果
含水量%	≤0.75
视密度/(kg/m³)	<1150
纤维含量/%	≤0.75
天然橡胶含量/%	15～30
橡胶烃含量/%	≥42
炭黑含量/%	≥28
灰分/%	≤7
铁含量/%	≤0
细长扁平颗粒含量/%	≤10
邵尔 A 型硬度/度	≥55
弹性模量/MPa	>9.5

2. 集料、胶结材料等的检验

橡胶颗粒沥青混合料生产过程中，必须按表 7.6 规定的检查项目与频度，对集料、沥青胶结材料等各种原材料进行抽样试验，其质量应符合《公路沥青路面施工技术规范》（JTG F40—2004）规定的技术要求。每个检查项目的平行试验次数或一次试验的试样数必须按相关试验规程的规定执行，并以平均值评价是否合格。未列入表中的材料的检查项目和频度按材料质量要求确定。

表 7.6　施工过程中材料质量检查的项目与频度

材料	检查项目	检查频度		试验规程规定的平行试验次数或一次试验的试样数
		高速公路、一级公路	其他等级公路	
粗集料	外观（石料品种、含泥量等）	随时	随时	—
	针片状颗粒含量	随时	随时	2～3
	颗粒组成（筛分）	随时	必要时	2
	压碎值	必要时	必要时	2
	磨光值	必要时	必要时	4
	洛杉矶磨耗值	必要时	必要时	2
	含水量	必要时	必要时	2
细集料	颗粒组成（筛分）	随时	必要时	2
	砂当量	必要时	必要时	2
	含水量	必要时	必要时	2
	松方单位重	必要时	必要时	2
矿粉	外观	随时	随时	—
	<0.075mm 含量	必要时	必要时	2
	含水量	必要时	必要时	2
石油沥青	针入度	每2～3天1次	每周1次	3
	软化点	每2～3天1次	每周1次	2
	延度	每2～3天1次	每周1次	3
	含蜡量	必要时	必要时	2～3
改性沥青	针入度	每天1～2次	每天1次	3
	软化点	每天1～2次	每天1次	2
	离析试验（对成品改性沥青）	每周1次	每周1次	2
	低温延度	必要时	必要时	3
	弹性恢复	必要时	必要时	3
	显微镜观察（对现场改性沥青）	随时	随时	—

注：1）表列内容是在材料进场时已按"批"进行了全面检查的基础上，日常施工过程中质量检查的项目与要求。

2）"随时"是指需要经常检查的项目，其检查频度可根据材料来源及质量波动情况由业主及监理确定；"必要时"是指施工各方任何一个部门对其质量发生怀疑，提出需要检查时，或是根据需要商定的检查频度。

7.2.2　橡胶颗粒沥青混合料质量控制

橡胶颗粒沥青混合料生产过程中的质量控制主要从以下几个方面进行：

（1）拌和温度。

沥青胶结料的加热温度、集料烘干加热温度、混合料拌和温度及混合料的出厂温度应严格按照施工规范或技术要求的规定，随时进行检验。

（2）矿料级配。

对于间歇式拌和机，必须要求逐盘打印各个热料仓的材料质量、矿粉质量和一盘混合料的总质量，随机计算出矿料级配，与标准配合比进行对照。橡胶颗粒的质量误差不应超过要求数量的±10%。

（3）沥青用量（油石比）。

对于不具备打印机条件的拌和机，检测矿料级配和沥青用量是质量检测的重点，要求每天每一台拌和机取样抽提筛分不少于一次，这是例行的常规检验。要求油石比误差不能超过±0.3%。

（4）橡胶颗粒离析。

这种现象常出现在人工添加橡胶颗粒的过程中，由于人工添加橡胶颗粒不可能很均匀，不能保证在同一时间投入，甚至可能忘记投入橡胶颗粒。由于漏投、晚投、少投橡胶颗粒，干拌时间不足，橡胶颗粒易结团，分散不均匀，产生离析。

要解决橡胶颗粒离析问题，最根本的措施是将橡胶颗粒的投入改变为机械自动化投入方式。

在橡胶颗粒沥青混合料的生产过程中，应从料堆和皮带运输机随时目测各种材料的质量和均匀性，检查泥块及超粒径碎石，检查冷料仓有无窜仓。目测混合料拌和是否均匀，有无花白料，油石比是否合理，检查集料和混合料的离析情况。

（5）马歇尔试验。

对于橡胶颗粒沥青混合料而言，尽管马歇尔稳定度和流值不像普通沥青混合料那么重要，但马歇尔试验仍然是拌和厂最主要的质量检验项目。通过马歇尔试验，可以检验混合料试件的密度、空隙率、VMA、VFA等体积指标，确定其是否满足要求。同时，马歇尔稳定度和流值可以反映试件质量的稳定性，考察其是否能稳定在一个基本不变的水平上。

为此，在沥青拌和厂，希望尽量按照《公路沥青路面施工技术规范》(JTG F40—2004)附录 G 的方法进行沥青混合料生产过程的在线监测和总量检验，按附录 F 的方法进行沥青混合料质量动态管理，使施工人员随时随地都可以了解到工程质量的情况。

对橡胶颗粒沥青路面的质量检验，原则上可以按照普通的热拌热铺沥青混合料路面的质量要求和检测频度进行检测。

7.2.3　橡胶颗粒路面施工过程中的质量控制

对于橡胶颗粒沥青路面的施工，应严格控制摊铺和碾压温度。终压温度过高是常见的问题。由于橡胶颗粒的回弹特性,通常当终压温度高于90℃时沥青的黏度相对较低,因而无法束缚橡胶颗粒的弹性变形,使压实后的混合料空隙率偏高,容易造成压实度不足。未充分压实的路段,将无法避免行车碾压过程中出现车辙。

橡胶颗粒沥青路面铺筑过程中必须随时对铺筑质量进行评定,质量检查的内容、频度、允许差可参照《公路沥青路面施工技术规范》(JTG F40—2004)中的相关规定进行,施工现场检测内容包括压实度、厚度、平整度、构造深度、摩擦系数等检测。

橡胶颗粒沥青路面的压实度采取重点对碾压工艺进行过程控制,适度钻孔抽检压实度的方法。

碾压工艺的控制包括压路机的配置(台数、吨位及机型)、排列和碾压方式、压路机与摊铺机的距离、碾压温度、碾压速度、压路机洒水(雾化)情况、碾压段长度、调头方式等。

施工过程中必须随时用3m直尺检测接缝及与构造物连接处平整度,正常路段的平整度采用连续式平整度仪或颠簸累积仪测定。

结　　语

随着汽车工业的发展，废旧轮胎产生量逐步增多，废旧轮胎的无害化、资源化再利用一直是世界各国积极研究的一个重要课题。国家发展和改革委员会牵头起草的《废旧轮胎回收利用管理条例》和商务部牵头起草的《再生资源回收管理办法》于 2007 年 5 月 1 日起实施，对废旧轮胎的回收利用提出了明确的要求。

橡胶颗粒路面应用技术可以有效地利用废旧橡胶轮胎材料，实现了资源的有效再利用。而且橡胶颗粒路面还具有良好的高温稳定性和低温柔韧性，在抗滑与降噪方面亦具有明显优势。

我国的大部分地区属于冰雪地区，路面积雪结冰问题较为常见。尤其是初冬和初春季节，路面积雪在温度变化和车辆荷载的作用下，路面表面极易形成薄冰，影响道路交通安全。据分析，冰雪使路面附着系数大大降低，附着力明显减小，车辆的制动稳定性、转向操作稳定性都将变差，而且在冰雪路面上行车，由于长时间的强光线反射刺激，容易使驾驶员视线模糊不清，进而导致交通事故频繁发生，冰雪天交通事故率明显增加。据统计，因道路积雪结冰造成的交通事故占冬季交通事故总量的 35% 以上。因此，如何有效地解决冰雪路面的交通安全，避免交通事故或少出交通事故，提高道路通行能力和运营效益，形成良好的安全管理模式，已成为困扰冰雪地区交通管理部门的重要问题之一，科学有效的路面除冰雪技术的开发研究具有非常重要的社会经济价值。

利用橡胶颗粒沥青路面技术进行路面冰雪抑制和清除，属主动除冰雪技术，它利用橡胶颗粒材料所具有的高弹特性，使路面在荷载的作用下产生自应力，改变冰雪与路面表面的黏结状态，使路面表面的积冰或积雪受力不均匀，产生较大的变形，进而破碎剥离。在除冰雪过程中，节能环保，除冰雪过程对环境没有任何破坏。而且通过废旧轮胎的使用，还可有效减少废旧轮胎堆放或处理过程中对土壤、大气和水等造成的污染，是一种环保节能的先进资源再生利用技术。以橡胶颗粒路面除冰雪技术为例，虽然初投资提高 19 元/m^2，但是综合考虑减少融雪剂使用的费用、减少路面冻融损坏维修费用、节省机械除雪和人工除雪对路面造成的损伤的维修费用、减少交通事故等造成的间接经济损失等费用，则采用此项道路冰雪自融技术年增收节支总额约为 68 元/m^2，因此，当年即可回收初期投资。

橡胶颗粒路面技术的实施将为道路建设与发展提供新的发展方向，为道路冬季安全使用提供科学理论依据和技术支撑，大幅度提高道路工程的科技水平，促进道路使用状况的改善，促进城市废物的科学回收和利用。该项技术实施后，可使积雪道路平均行车速度提高15％，城市能源节约10％，大幅度提升道路使用功能和安全性，减少人民的生命和财产损失，具有良好的社会效益。

以橡胶颗粒路面应用技术为核心形成的技术成果和相关产品，将有效减少固体废弃物对环境的污染，减少因化学除冰雪所造成的环境污染，具有清洁、高效、节能等特点，将促进道路除冰雪技术的产业化发展，具有广阔的成果应用和产业化前景。逐步形成生态型道路建造材料生产、高效能量转化设备制造等新型产业，将成为我国可再生能源利用重点推广的节能技术。

参 考 文 献

曹荣吉，陈荣生. 2008. 橡胶沥青工艺参数对其性能影响的试验研究[J]. 东南大学学报（自然科学版），38（2）：5.

何永峰，刘玉强. 2001. 胶粉生产及其应用——废旧橡胶资源化新技术[M]. 北京：中国石化出版社.

黄卫东，李昆. 2008. 美国橡胶沥青应用调查与研究现状[J]. 公路交通科技（应用技术版），25（9）：13-17.

刘春生. 2010. 橡胶集料混凝土的耐久性能及在桥面铺装上的应用研究[D]. 天津：天津大学.

刘少文，李智慧. 2009. 应用回弹恢复评价橡胶沥青的弹性恢复能力[J]. 公路交通科技，26（7）：22-26.

罗妮. 2008. 废橡胶粉在道路工程中的应用研究和发展[J]. 湖南交通科技，34（1）：32-33，81.

王旭东，李美江，路凯冀. 2008. 橡胶沥青及混凝土应用成套技术[M]. 北京：人民交通出版社.

王云鹏，韦大川，李世武等. 2008. 橡胶粉改性沥青降噪机理及试验研究[J]. 公路交通科技，25（12）：201-206.

文兴. 2006. 道路铺筑材料——橡胶沥青[J]. 现代橡胶技术，32（4）：31-35.

吴龙虎，罗晖，黄煜镔. 2008. 废旧橡胶粉改性沥青材料及其性能[J]. 公路交通技术，（2）：31-33.

肖鹏，马爱群. 2005. 废旧橡胶粉用于道路改性沥青的研究[J]. 交通环保，26（3）：56-58.

许冠英，彭晓春，周少奇. 2009-12-21. 废旧轮胎回收利用对策[EB/OL]. http：//www. cn-hw. net/html/34/200912/12801. html.

杨志峰，李美江，王旭东. 2005. 废旧橡胶粉在道路工程中应用的历史和现状[J]. 公路交通科技，22（7）：19-22.

袁德明，刘冬，廖克俭. 废旧橡胶粉改性沥青研究进展[J]. 合成橡胶工业，2007，30（2）：159-162.

张会成，颜涌捷，孙万付等. 2006. 渣油亚组分及其形成的胶粒颗粒尺寸的研究[J]. 石油学报（石油加工），22（6）：92-97.

中华人民共和国国家质量监督检验检疫总局，中国国家标准化管理委员会. 2008. GB/T 19208—2008 硫化橡胶粉[S]. 北京：中国标准出版社.

交通部公路科学研究所. 2005. JTG E42—2005 公路工程集料试验规程[S]. 北京：人民交通出版社.

周健，贾敏才等. 2008. 土工细观模型试验与数值模拟[M]. 北京：科学出版社.

Abdelrahman M，Carpenter S H. 1999. The mechanism of the interaction of asphalt cement with crumb rubber modifier[R]. Washington D C：Transportation Research Board.

Cundall P A. 1996. Particle Flow Code in 2 Dimensions[M]. Minnesota：Itasca Consulting Group，Inc.

Cundall P A. 1999. Particle Flow Code in 2 Dimensions Fish in pfc[M]. Minnesota：Itasca Consulting Group，Inc.

Cundall P A. 1999. PFC2D Users' Manual[M]. Minnesota：Itasca Consulting Group，Inc.

Daryl M，Susanna H，Ryan W，et al. 2007. Study of crumb rubber materials as paving asphalt modifiers[J]. Canadian Journal of Civil Engineering，34（10）：1276－1288.

Douglas C M. 2009. 实验设计与分析[M]. 傅珏生，张健，王振羽等译. 北京：人民邮电出版社.

Hicks R G，Epps J A. 2000. Quality control for asphalt rubber binders and mixes[R]. Arizona：Rubber Pavements Association.

Navarro F J，Partal P，Martinez-Boza F，et al. 2004. Thermo-rheological behaviour and storage stability of ground tire rubber-modified bitumens[J]. Fuel，83（4）：2041－2049.